침묵을 배우는 시간

침묵을 배우는 시간

EINFACH MAL DIE KLAPPE HALTEN

말이 넘쳐나는 세상 속, 더욱 빛을 발하는 침묵의 품격

코르넬리아 토프 지음 · 장혜경 옮김

서교책방

우리는
말의 홍수 속에
살고 있다

세상에는 쓸데없는 말이 넘쳐나고 있다. 방송마다 똑같은 뉴스를 반복하고, 스마트폰은 쉬지 않고 울려대고, 버스에서는 쉴 새 없이 라디오가 돌아간다. 집에서는 사랑하는 아이들이, 회사에서는 동료들이 쉬지 않고 떠든다. 그걸로도 부족한지 정치가와 기자들까지 나서서 눈사태처럼 말을 쏟아낸다. 그러니 어찌 정신이 온전할 수 있겠는가. 우리는 말의 홍수에서 살고 있다. 여기저기서 쉬지 않고 떠들지만 정작 필요한 말은 거의 없다. 이런 시대에 살다 보니 신경이 곤두서고 스트레스가 쌓이고 힘이 쭉 빠지기 일쑤다. 더 심각한 건 대부분이 이 공허한 수다에 전염되어 이게 무슨 사태인지 파악조차 하지 못한다는 사실이다.

"아무리 자세히 지시해도 내 의중을 이해하는 직원이 없어요."

경영인을 대상으로 강연할 때마다 이런 불만을 털어놓는 사람을 꼭 보게 된다. 부모라면 "몇 번을 말해야 알아들어?"라는 말을 입에 달고 살 것이다. 방 좀 정리하라고 수십 번도 더 말했건만 아들은 TV만 보고 있다.

그런데 바로 그게 문제다. 아들이 TV 앞에 앉아 있는 건 당신이 수십 번도 더 말했기 때문이다. 아들은 이미 경험상 당신이 수십 번 이야기할 때까지는 청소를 미뤄도 된다는 것을 알고 있다. 그래서 지금껏 귓등으로도 안 듣고 있었다. 좀 더 정확히는 당신이 원하는 것이 커뮤니케이션이 아니라 그냥 말 그 자체임을 경험으로 배웠다는 소리다. 교육과 잔소리를 구분하지 못하고 잔뜩 말을 쏟아낸 부모보다 아이가 훨씬 똑똑한 것이다. 그래서 부모의 말은 아무 소용이 없다. 여덟 살짜리에게도 안 통한다. 부모가 말이 너무 많기 때문에, 침묵을 모르기 때문에 일어나는 일이다.

말을 많이 하는 사람 중에는 자기가 무슨 말을 하는지조차 모르는 경우가 많다. "잘 알면 세 마디로 족하다. 잘 모르니 서른 마디가 필요한 법이다." 독일 작가 한스 카로사Hans Carossa의 명언이 옳다면 우리의 정치가들, 상사들, 방송인들, 교사와 친척들은 놀라울 정도로 무지하다는 소리가 된다. 그런데도 왜 우리는 더 많은 말을 하지 못해서 안달인 걸까? 결론을 말하자면, 침묵의 힘을 모르기 때문이다.

"웅변은 은이요, 침묵은 금이다"라는 격언이 있다. 특히 요즘 같은 말의 홍수 시대에는 침묵이 최고의 논리가 될 수 있다. 주변에 자신감 넘치고 믿음직하며 존경을 받는 인물을 떠올려보라. 그들은 말을 아낄 것이다. 그래서 그들의 말에는 무게가 있다. 또한 침묵할 줄 안다면 인격의 성장과 정신적 깨달음까지 얻을 수 있다. 거의 모든 종교에 묵언수행이 있는 것도 그런 이유 때문이다.

침묵으로 세상과 거리를 두면 역설적이게도 더 세상에 다가갈 수 있다. 침묵은 인간에게 힘을 주는 최고의 원천인 것이다.

"말을 통제할 수 있는 사람은 성숙한 사람이다.
미성숙한 사람은 절대로 말을 통제하지 못한다."

- 데마라투스

목
차

1장

말 비우기
연습

"함께 말을 나눌 뿐 아니라
침묵할 수도 있는 친구는 하늘이 내린 선물이다."

- 크리스티나 프란체, 발레리나

Schweigen

말은 할수록
힘이 떨어진다

지친 사람에게 긴장과 스트레스를 풀어주며 다시 힘을 낼 에너지를 주는 것은 평화로운 휴식일 것이다. 사람들은 흔히 '휴식'이라고 하면 인적 드문 산속이나 사람 없는 해변의 고요함을 떠올린다. 아프리카에서 나고 자랐건 뉴욕 토박이건 마찬가지다. 거의 모든 사람이 휴식이나 긴장 완화를 그런 장면과 연결시킨다.

그럼 여기서 질문을 하나 해보자. 당신이 마지막으로 아무도 없는 산속이나 한밤의 해변에서 고독을 즐긴 것은 언제인가?

잠깐의 침묵에는 놀라운 힘이 있다

정지 상태를 뜻하는 정적은 사실 '무無'다. 그런데 역설적이게도 역동적인 상태보다 더 강력하다. 실재하는 아스피린과 달리 정적은 실재하지 않으면서도 효력이 있다. 그리고 이 모순되지만 강력한 정적의 효력은 일상에서 흔히 경험할 수 있다. 대화 도중 잠깐씩만 입을 다물어보라.

한 엄마가 이런 말을 한 적이 있다.

"얼마 전에 딸아이가 숙제는 안 하고 TV만 보고 있더라고요. 한마디 하고 싶은 걸 꾹 참고 그냥 한 번 흘겨보기만 했죠. 그런데 5분 정도 지나니까 아이가 TV를 끄고 자기 방으로 들어가는 거예요. 만약 제가 TV를 끄라고 잔소리를 했다면 숙제를 하기까지 적어도 30분은 더 걸렸을 거예요. 또 엄청 싸웠겠죠."

30분의 스트레스가 5분으로 줄었다. 혹할 만한 일 아닌가? 더구나 한마디도 안 했는데도 말이다. 사실 '안 했는데도'가 아니라 '안 했기 때문에'가 맞다. 이게 바로 침묵의 효과다. 물론 항상 그런 것은 아니지만, 너무 많은 말이 오가서 더는 대화가 통하지 않을 때는 침묵이 최고의 방법이다.

그런데 많은 사람이 이런 사실을 알지 못하고 말이 통하지 않는다 싶으면 오히려 말을 더 많이 한다. 점점 더 상황을 악화시키는 것이다.

침묵은 제대로 사용하면 반항심을 불러일으키지 않는다. 아이에게 TV를 끄라고 지시하면 아이는 반항한다. 이유는 없다. 그냥 반항심 때문에 반항할 뿐이다. 반대로 엄마가 입을 다물어버리면 어떻게 될까? 아이의 마음에서 양심과 건강한 이성이 꿈틀거리게 된다. 적어도 그럴 기회가 만들어진다. 그리고 이런 마음의 동요는 그 어떤 지적이나 경고보다 훨씬 효과가 크다.

하지만 말했듯이 침묵이 효과를 보려면 '제대로' 사용해야 한다. 침묵 이전에 아이에게 적절한 지적을 짧게 몇 마디 하는 것이다. 그 정도에 그치지 않고 벌써 몇 번이나, 그것도 구구절절 숙제부터 하라고 지적만 해댔다면 이제 한 번쯤 입을 다물어보는 건 어떨까?

'말은 적게, 침묵은 많이'가 적당한 균형이다. 세상만사가 그렇듯 침묵에도 양극단이 있다. 많아도, 부족해도 효과는 떨어진다. 말이 너무 많은 사람이 있는가 하면, 너무 오래 입을 다무는 사람도 있다. 말을 해야 할 때도 입을 꾹 다물어버리는 사람은 속병이 들거나 어느 순간 갑자기 폭발한다. 반대로 별것 아닌 일에도 몇 시간이나 비난하고 잔소리를 해대는 사람은 말에 힘이 없다. 둘 다 균형을 잃은 경우이다.

| **침묵훈련** |

지금부터라도 말을 할 때는 침묵의 필요성을 염두에 두자. 무조건 입을 꾹 다물라는 소리가 아니다. 대화 도중 즉각적으로 튀어나오려는 말을 틀어막아 대답을 자제해보라는 뜻이다. 그 후 자신과 상대에게 어떤 효과가 있는지 관찰해보자.

일단 뱉고 나서
후회하는 사람들

너무 많은 말로 세상이 오염되고 있음을 깨달은 사람이 점점 늘고 있다.

사람들은 일단 뱉고 나서 후회한다

수지는 이렇게 말했다. "남자친구와 싸우고 나면 혀를 깨물고 싶다니까요. 나중에 꼭 후회할 말을 하게 되거든요." 어떤 판매사원은 이렇게 말한다. "가격 이야기만 나오면 자꾸만 먼저 깎아주겠다고 해버리는 바람에 제가 다른 판매원에 비해 할인율이 높아요. 상사에게 혼이 날 걸 아는데도 손님이 비싸다고 우는소리를 하면 도저히 가만히 있을 수가 없다니까요."

사람들은 누군가에게 말을 좀 아끼라는 지적을 받아도

쉽게 납득하지 못한다. 귀로 들리는 것만 효력이 있다는 착각 때문이다. 이들은 입 밖으로 내지 않은 것이 입 밖으로 낸 것보다 더 많은 뜻을 전달할 수 있음을 이해하지 못한다.

상황이 이러니 자신이 말을 너무 많이 한다는 사실을 자각하는 사람만이 입을 다물 수가 있다. 그리고 의식적으로 입을 다물면 놀랍도록 조용한 세계에 들어설 수 있고, 상대와 나 모두에게 예상치 못했던 효과가 나타난다.

떠들기만 하면 들을 수가 없다

한 여성이 이런 말을 한 적이 있다. "점심시간에 옆자리 동료와 커피를 마실 때면 주로 상사나 동료 험담을 했어요. 그런데 어제는 그냥 조용히 동료의 이야기를 듣기만 했더니 어느 순간 험담이 고백으로 바뀌더라고요. 이혼한 사실부터 두 아이들 이야기, 집을 판 이야기까지…… 집을 팔아야 할 정도로 형편이 어려운 줄 몰랐는데 말이에요."

몇 년 동안 매일 함께 점심을 먹고 커피를 마시며 수다를 떨었던 동료가 집을 팔아야 할 정도로 형편이 어려운데도 까맣게 모르고 있었다니! 이게 다 그동안 너무 많이 떠들고 너무 적게 귀를 기울인 탓이다. 입을 다물어야 주변에서 무슨 일이 일어나는지 알 수 있다. 혼자 끙끙거리며 힘들어하던 이 동료는 고민을 들어준 상대가 얼마나 고마웠을까?

이렇게 듣기만 하다가 혹시 꼭 해야 할 말을 하지 못한 건 아닐까 찝찝할 수 있다. 하지만 염려 마라. 우리가 하는 말의 50%는 마음 편히 삭제해도 좋다.

갈등 상황일수록 침묵은 효과가 크다

누군가 당신에게 "이런 멍청이 같으니!"라고 꾸짖었다고 해보자. 화가 나서 바로 맞받아치고 싶을 것이다.

미국의 영부인 엘리너 루즈벨트 Eleanor Roosevelt는 이렇게 말했다. "당신의 동의가 없이는 아무도 당신에게 열등감을 느끼게 할 수 없다."

깊이 되새겨볼 가치가 있는 말이다. 그렇지만 우리는 감정이 상하면 즉시, 반사적으로, 생각 없이 대꾸하고, 언쟁은 점점 심해진다. 그러나 자신이 동의한 것만 자신에게 돌아오는 법이다. 상대가 당신을 멍청이라고 하건 말건, 그게 사실이 아님을 당신이 알고 있으면 되는 것이다.

침묵의 효과를 아는 한 여성 팀장이 말했다. "언쟁이 건설적인 차원을 벗어나면 무조건 입을 다물어버립니다. 그게 최고예요. 말 안 하는 사람과 한번 싸워보세요. 싸움이 되나." 싸움 자체가 성립되지 않으니 상대는 밖으로 나가버린다. 바람직한 결과다. 또는 상대도 진정하고 보다 객관적인 차원에서 대화를 하게 된다. 더욱 바람직한 결과다.

하지만 이런 상황일 때 주의할 것이 있다. 침묵에는 건설적인 침묵도 있고 파괴적인 침묵도 있어서 어떤 침묵은 오히려 관계를 악화시킬 수도 있다. 상대의 말을 듣지도 않는다거나 말없이 노려보는 침묵은 좋지 않다. 입은 다물더라도 상대의 말을 경청하고 있다는 느낌이 전달돼야 한다.

| **침묵훈련** |

입을 다물고 침묵의 효과를 관찰해보자. 상대에게, 나에게 어떤 일이 일어났는가? 하고 싶은 만큼 말을 하던 과거와 비교하면 어떤 차이가 있는가? 그 차이가 어떤 변화를 만들었는가?

대화에서 침묵이
효과적인 이유

대화에서 침묵이 효과적인 이유는 많다. 그중 가장 중요한 몇 가지만 꼽자면 다음과 같다.

침묵은 상대를 당황하게 한다

의외의 것은 대체로 잘 통한다. 그리고 요즘처럼 말 많은 세상에서 침묵이란 소통에서 경험할 수 있는 가장 의외의 것 중 하나다. 상사와 매일 언쟁을 한 직원이 있다고 해보자. 500번째 싸우는 날 상사는 부하직원이 앞선 499번처럼 자신의 말에 토를 달며 반박할 것이라고 예상할 것이다. 그런데 의외로 상대가 통 말을 안 한다. 상사는 당황한다. 그리고 불안해진다. 불안하면 브레이크를 밟기 마련이다. 그렇게 침묵은 갈등 상황에 바람을 빼는 역할을 한다. 싸움을 기대한 사람에게 상대의 침묵만큼 놀랄 일이 어디 있겠는가?

침묵은 생각을 자극한다

아들에게 축구를 가르치는 아빠를 본 적이 있다. 아이는 5미터 앞에서도 골대에 골을 못 넣는 수준이었다. 축구깨나 할 것처럼 보이는 아빠는 아들을 가르치느라 거의 숨이 넘어갈 지경이었다. "상체 숙이고, 다리를 더 빨리 움직이고, 양팔로 균형 잡고, 힘껏 찬다. 아니, 너무 약해!" 아이는 연방 공을 찼지만 계속 빗나갔다. 가망이 없어 보였다. 아빠는 당장 심근경색으로 쓰러질 것처럼 얼굴이 벌게졌다.

다행히 그의 목숨을 구한 건 그의 지성이 아니라 급격히 저하된 체력이었다. 지친 아빠는 말수가 줄더니 나중에는 거의 입을 열지 못했다. 그러자 놀랍게도 아이의 실력이 점점 좋아졌다. 심지어 스스로도 놀란 듯 "엇! 내가 어떻게 넣은 거지?"라며 의아해했다.

그제야 자신의 실수를 깨달은 아빠는 흥분을 가라앉히고 "어떻게 했는데?"라고만 물었다. 아이는 공을 찰 때 상체를 숙이려 했다고 대답했다. 아빠는 말없이 양쪽 엄지를 치켜세웠다. 그날, 그 아빠는 모든 아빠와 엄마, 모든 남자와 여자가 알아야 할 중요한 사실을 배운 셈이다.

침묵은 상대의 지성은 물론이고 책임감과 이해심, 관심, 참여까지도 활성화시킨다. 그러나 안타깝게도 그 진리를 깨우친 사람은 많지 않다.

누군가에게 동기를 부여하고 싶을 때 우리는 열심히 떠든다. 그리고 결국 실망한다. 제아무리 좋은 말로 떠들어봐도 외부에서 온 동기는 효력이 약할 수밖에 없고, 지속력도 약하다. 내부에서 오는 동기가 훨씬 강력하고 오래 지속되는 법이다.

침묵은 최고의 코칭이다

침묵은 코칭의 기본 원칙이며, 가장 효과가 뛰어나고 빠른 변화 유도 방법이다.

한 팀장이 이런 이야기를 한 적이 있다. "예전에는 부하직원이 잘못을 하면 불러서 야단을 쳤습니다. 변명하는 대신 자기 잘못을 시인하고 앞으로는 잘하겠다고 맹세할 때까지 계속 훈계를 늘어놓았지요. 그런데 한번은 방법을 바꾸어 역지사지의 방법을 써봤습니다. 부하직원을 불러 제 의자에 앉히고 저는 맞은편 소파에 앉았습니다. 그리고 '자네가 팀장이고 내가 자네와 같은 실수를 했다면 나에게 뭐라고 하겠나' 하고 물었지요."

상사가 훈계를 그치고 입을 다문 것도 모자라 자기 자리를 내주고 자신을 야단쳐 달라니, 부하직원 입장에서는 가히 혁명적인 주문이었을 것이다. 결과는? 부하직원은 상사에게 조언을 하는 과정에서 같은 실수를 반복하지 않을 여러 방법을 제안했다.

자문과 코칭의 가장 중요한 차이가 바로 이것이다. 자문은 상대에게 선의의 조언을 해주려고 노력하는 것이다. 그러나 "선의 최악의 적은 선의善意다"라는 말이 있다. 코칭은 이 사실을 깨달아 조언을 줄이는 대신 상대가 스스로 생각을 하게 만든다.

침묵은 최고의 협상을 이끌어낸다

협상을 잘하는 사람은 말수가 적고 간단명료하게 말한다. 단어 하나도 낭비하지 않고 말 한 마디 한 마디에 무게를 싣는다. 수다쟁이들보다 두 배는 더 자주, 더 길게 침묵한다. 그리고 두 배는 더 성공한다.

협상 경험이 많은 전문가가 이런 충고를 한 적이 있다. "말이 많은 사람은 할 말이 적은 겁니다. 제가 진짜 두려워하는 상대는 침묵할 줄 아는 사람입니다. 속을 알 수가 없거든요. 포커판과 같습니다. 자꾸 떠들다 보면 자기 패만 들키게 되지요."

로마의 시인 보에티우스Boëthius는 이렇게 말했다.

"침묵했더라면 철학자로 남았을 텐데……"

철학자들은 생각 없이 떠들지 않는다. 그래서 요즘 세상에는 철학자가 거의 멸종했다. 최근에 자기가 무슨 말을 하는지 고민하는 사람을 본 적이 있는가? 입 밖으로 내기 전에 할 말을 곰곰이 고민하는 사람 말이다. 말하기 전에 생각하는 것이 중요하다는 사실을 모르는 사람은 없다. 그러나 실천하는 사람은 적다. 입을 다물고 있으면 주변 사람들이 멍청하다고 생각할까봐 걱정하기 때문이다. 그래서 일단 떠들고 본다.

방법을 바꿔보면 어떨까? 예를 들어 왜 이 지점에서 말을 중단하는지 이유를 설명하는 것이다. "그 문제는 생각이 좀 필요한데요." 같은 간단한 말이다. 그런데도 사람들은 나오는 대로 내뱉고 돌아서서 후회한다.

아마도 대부분이 생각과 말을 동시에 할 수 있다고 믿는 것 같다. 물론 두 가지를 동시에 하는 것도 가능하다. 남편과 날씨 이야기를 하면서 빵에 잼을 바를 수 있다. 하지만 그때조차 입을 다문다면 훨씬 빨리, 더 골고루 잼을 바를 수 있을 것이다.

침묵은 동기를 부여한다

용기를 주거나 의욕을 고취시키고 싶을 때 보통은 말을 건넨다. 응원과 채찍질, 협박과 설득을 동기부여와 동의어로 생각하면서 말이다. 내가 아는 최고의 동기부여 전문가들은 놀라울 정도로 말이 적다. 심지어 그들은 말을 하는 시간보다 입을 다무는 시간이 더 길다.

한 펌프 회사에서 감동적인 장면을 본 적이 있다. 직원들에게 신제품이 아시아 제품들 사이에서 경쟁력을 가지려면 생산원가를 20% 절감해야 한다는 사실을 알려야 하는 상황이었다. 나는 생산팀이 2시간 정도 '창의적 사고' 운운하는 연설을 하고 마지막에 결연한 표정으로 "우리는 할 수 있다!"를 복창하는 따분한 아침 조회 장면을 상상했다. 그런데 의외였다. 팀장은 단 2분 만에 훈시를 끝냈다.

작업장으로 들어가니 연단 앞에 직원들이 모여 있었고, 연단 위에는 천을 뒤집어씌운 물건이 두 개 있었다. 팀장이 첫 번째 천을 벗겼다. 아시아제 펌프에 엄청나게 큰 가격표가 붙어 있었다. '280 유로'. 다음으로 천을 벗기자 자사 펌프가 나타났다. '350 유로'. 직원들은 자기도 모르게 입을 딱 벌렸다. 팀장은 딱 한마디만 했다. "3개월의 시간이 있습니다. 이 가격표를 바꿉시다." 훈시 끝.

하지만 직원들은 단 한 사람도 자리를 뜨지 않았다. 한 시간 동안 연단 주위에 모여 서서 어떻게 해야 생산원가를 절감할 수 있을지 열띤 토론을 벌였다. 만약 생산팀장이 2시간 동안 훈시를 했다면 아마도 대부분의 직원은 훈시가 끝나자마자 커피를 마시거나 담배를 피우러 자리를 옮겼을 것이다.

현명하게 말을 선택하면 적은 말로도 상대를 설득할 수 있다. 말이 많다는 것은 할 말이 많다는 증거가 아니라 게을러서 하고자 하는 말을 가장 잘 전달할 수 있는 효과적인 말을 찾지 못했다는 증거다. 윈스턴 처칠은 여느 정치인들처럼 몇 시간 동안 연설을 해대지 않았다. "피와 땀과 노력 그리고 눈물밖에는 아무것도 드릴 것이 없습니다."로 시작한 그의 취임연설은 간결했지만 전쟁을 앞둔 영국 국민들에게 큰 용기를 주었다.

침묵은 책임감을 일깨운다

한 경영자가 아들 때문에 죽겠다고 하소연을 해왔다. "27

살이나 먹었는데 사고만 치고 다니지 뭡니까. 매번 이번이 마지막이니까 다음부터는 알아서 하라고 해도 소용이 없어요."

이런 식의 협박과 호소는 아무런 도움이 되지 않는다. 그래서 나는 만약 아들이 또 사고를 치거든 도와주지 말고 딱 한마디만 하라고 했다.

"그래? 내가 어떻게 해줄까?"

실제로 그가 이렇게 했을 때, 아들은 불편한 기색이 역력했다. 사고를 칠 때마다 화를 벌컥 내면서도 지갑부터 꺼내는 아버지 모습에 익숙했기 때문이다. 이런 의외의 반응에 놀란 아들은 머뭇거리면서 몇 가지 방법을 제안했다. 그러나 아버지는 여전히 입을 꾹 다물고 있었다. 그러자 잠시 후, 아들이 마침내 입을 열었다. "알았어요. 제가 해결해볼게요. 어떻게 하면 되는지만 좀 알려주세요." 아버지는 기쁜 마음으로 방법을 일러주었다. 그렇게 수백 번 잔소리를 하고 야단을 쳐도 소용없던 아들이 스스로 해결해보겠다고 나섰으니 얼마나 좋았겠는가. 이처럼 말 없는 설득이 더 강력한 법이다.

아마도 이때 아버지는 불쑥 튀어나오려는 말을 참느라 무진 애를 썼을 것이다. 그러나 그 노력이 뜻밖의 결과를 가져오자 그는 말했다. "이런 방법을 왜 예전에는 몰랐을까요? 진작 알았으면 돈도 버리지 않았을 거고 아들놈도 훨씬 자립적으로 키울 수 있었을 텐데……"

침묵은 학습을 돕는다

이해가 잘된다, 따라가기가 쉽다고 느끼는 강의를 살펴보면, 그 강사들에게는 비결이 있다. 그것은 바로 적절한 시점에 말을 쉴 줄 아는 능력이다. 말을 잘하는 비결은 언어적인 표현에만 있지 않다. 오히려 적절한 순간에 말하지 않는 것이야말로 말을 잘하는 비결이다.

"숙제하고 방 좀 치우고 자전거 차고에 갖다놓고 이리 와서 설거지 좀 도와."

엄마들이 이렇게 쉼표도, 마침표도 없는 잔소리를 퍼붓는 광경을 보면 연민이 든다. 아이가 아니라 엄마에게 말이다. 말을 알아듣기도 힘든데 어떻게 머리로 이해를 하겠는가? 어른들도 힘든데 하물며 아이들이 말이다.

말 잘 듣는 아이를 둔 엄마는 할 일을 알려줄 때도 침묵을 활용한다. "숙제부터 해." 그리고 잠시 입을 다물고는 아이의 얼굴을 들여다본다. 제대로 들었나? 질문이 있나? 내 말을 이해하고 받아들였나? 이를 확인한 후에야 다음 지시로 넘어간다.

어떤 회사 팀장이 말했다. "우리 직원들은 아무리 말해도 못 알아들어요." 그래서 팀장이 없는 틈에 부하직원들에게 물어봤다. 그랬더니 이렇게 말했다. "팀장님 말씀은 절반만 들어요. 어차피 한 말 또 하고 또 하시는 거니까요." 이 팀장이 부하직원들에게 어떤 대접을 받고 있는지 안 봐도 뻔했다. 아무도 그의 말에 가치를 두지 않는다. 쉼표도 마침표도 없이 말을 하는 사람은 누구에게도 존중을 받지 못하는 법이다.

존중함을
잃어버린 사회

끊임없이 자기 말만 하는 사람은 상대의 말을 듣지 않는다. 자기 할 말만 하고 자기 걱정만 털어놓고 잘난 척만 하려 한다. 대화가 아니라 자기 이야기만 하려고 한다. 관객을 앞에 둔 배우의 독백처럼.

쉬지 않고 말하는 사람은
상대를 이해할 마음이 없는 것이다

당신을 비난하려는 것이 아니다. 사실 우리 모두가 다 그러고 있다. 나 역시 그렇다. 그러나 나는 상대에게 쉬지 않고 말을 늘어놓고 있음을 자각하고 있다. 그래서 마음이 불편하고, 이렇게 상대를 괴롭히고 예의 없이 대해도 되는지 자문한다. 이런 자문이 언어강박의 족쇄에서 해방되는 첫걸음이다. 물론 이 언어강박에서 벗어나는 게 쉬운 일은 아니다. 언어강박은 수많은 족쇄로 우리를 꽁꽁 묶고 있기 때문이다. 그리고 그중 하나가 조용하면 어찌할 바를 모르는 '난감한 침묵'이다.

특히 직장에서는 입을 다무는 것을 권력이 없거나 지식이 부족하기 때문이라고 생각하는 사람이 많다. 유독 임원들이 말이 지나치게 많은 이유도 입을 다무는 것을 곧 권력이나 신분을 상실하는 것이라 여기기 때문이다.

하지만 지식이나 권위가 부족하기 때문에 입을 다무는 것이 아니다. 오히려 침묵은 상대를 이해하고 존중하는 소통 방식의 일종이다. 그러니 당신 혼자 상대에게 일방적으로 떠드는 것이 아니라 소통하고 대화할 마음이 있다면 적절한 시기에 입을 다물고 상대의 말에 귀를 기울여보자. 상대는 당신을 더욱 존중하고 한층 진지하게 대화를 나누려 할 것이다.

침묵수업 1

말과 침묵의 균형 유지하기

- 말이 더 이상 통하지 않을 때는 침묵이 최고다.

- 말과 침묵은 균형을 유지해야 한다. 적게 말하고 많이 침묵하라!

- 말이 적어야 강하고 자신감 있고 당당해 보인다.

- 침묵은 상대를 당황하게 하고, 용기를 주고, 동기를 부여하며, 이성의 스위치를 재점화하고, 갈등을 한풀 꺾는다.

- 그럼에도 침묵하기가 쉽지 않은 것은 우리 사회가 침묵을 부정적인 시선으로 바라보기 때문이다. 이런 착각을 깨닫고 넘어선 사람만이 진정으로 효과적인 소통법을 깨우칠 수 있다.

2장

침묵도
소통의 방식이다

"내가 말하지 않은 것은 한 번도
내게 해가 되지 않았다."

- 캘빈 쿨리지, 미국 30대 대통령

Schweiger

공든 탑을
무너뜨리는 말

한 회계팀 팀장이 미팅이나 프레젠테이션에서 말을 너무 많이 하는 것이 고민이라며 나를 찾아왔다. 사실 그는 유능한 사람이었다. 그런데 그의 말마따나 자기 혀에 걸려 넘어지는 통에 능력을 입증할 도리가 없었다. "두세 마디면 족할 간단한 질문에도 차트를 펴고 조목조목 열거하고 더듬거리고 그러다 실마리를 놓쳐버립니다. 사람들이 저를 비웃는 게 느껴지는데도 입을 닫을 수가 없습니다."

이처럼 두세 마디면 끝날 질문에도 말을 멈추지 못하고 계속 주절거리면 동료들의 존경은 짜증으로, 인정은 비웃음으로 변해간다. 공들여 쌓은 탑을 말로 무너뜨리는 것이다.

하지만 그가 유독 이상한 사람인 것은 아니다. 내가 아는 많은 사람이 그렇다.

누구에게나 '아킬레스건'이 있다

한 건축가가 말했다. "저는 상상력이 부족하다는 소리를 들으면 말이 빨라지고 길어지더군요."

이 건축가에게는 창의력이 아킬레스건인 셈이다.

비슷한 예로, 나의 친척 아줌마의 아킬레스건은 '청소와 정리 정돈'이다. 온 식구가 다 아는데 혼자만 그 사실을 모른다. 그래서 식구들은 이를 교묘하게 이용한다. 아저씨는 아줌마가 잔소리를 할 때마다 거실이 왜 이리 지저분하냐고 따진다. 그럼 아줌마는 방금 전까지 무슨 이야기를 하고 있었는지 잊고 장장 20분 동안 거실이 얼마나 깨끗한지를 피력한다. 아이들은 엄마가 공부하라고 하면 빨래에서 냄새가 나는 것 같다고 투덜거린다. 공부는 순식간에 물 건너간다.

과유불급은 '말'에도 적용된다

안타깝게도 대부분의 사람들은 말 때문에 이미지와 출세, 성공의 기회를 놓칠 수 있다는 사실을 자각하지 못한다.

그래서 가족과 동료, 부하직원, 고객, 상사를 몇 년에 걸쳐 괴롭히고 또 괴롭혀 마침내 기피 대상 1호가 된다.

침묵도 소통의 방식이다. 말과 침묵은 서로를 보완한다. 그래서 말과 침묵의 균형이 중요하다.

또한 침묵은 효과가 강렬하다. 그래서 말이 적으면 지적인 인상을 풍긴다. '잔잔한 물이 깊다'는 속담이 있다. 말이 적으면 속이 깊어 보인다. 깊이 있는 인간의 아우라가 바로 침묵의 결과인 셈이다.

| 침묵훈련 |

당신은 필요 이상으로 말을 많이 하게 되는 때가 있는가? 자책할 필요는 없다. 많은 사람이 그러니까. 다만 이를 자각하고 있으면 되는 것이다.

잔잔한 물이
더 깊다

말이 적으면 똑똑하고 교양 있고 유능하며 신뢰할 수 있는 사람으로 비친다. 실제로는 어떻건 간에 말이다. 거기에 미소까지 보태지면 20% 더 지적으로 보인다는 연구 결과도 있다. 이런 현상을 심리학에서는 귀인이론 Attribution Theory이라 부른다. 안경을 끼면 더 지적으로 보이는 것과 같은 현상이다.

입을 다물어야 더 똑똑해 보인다

지인 중 박사학위를 딴 여성이 제약회사에 들어갔다. 그러나 막상 직장생활을 해보니 현실은 녹록치 않았다. 그녀보다 학력은 낮지만 경험이 풍부한 동료 직원들이 일처리도 훨씬 빠르고 실력도 뛰어났다. 시간이 지날수록 그녀는 주눅이 들어 말수가 줄었고, 미팅이나 회의 시간에는 될 수 있는 대로 입을 다물고 가만히 있었다. 그녀는 나에게 경험이 부족한 것이 탄로날까봐 자꾸 소극적이 된다고 털어놓았다. 그런데 재미있는 건 동료들의 평가였다. 그녀에 대해 어떻게 생각하느냐는 질문에 동료들은 하나같이 긍정적인 답변을 했다. "좋은 사람이에요"부터 "성격도 좋고 유능해요"까지.

자신은 무능하다고 자책하는 상황인데 어째서 사람들은 그녀를 능력 있는 여성으로 평가한 것일까? 이것은 그녀가 미팅에서 한 걸음 물러나 다른 사람들의 대화를 열심히 경청하고, 이 사실을 동작이나 추임새로 표현한 결과였다. 그녀는 본능적으로 '헛소리를 하는 것보다는 아무 말도 안 하는 편이 낫다'는 선인들의 지혜를 따른 것이다.

입을 다물면 지적으로 보인다. 아니, 실제로도 입을 다무는 사람들이 대체로 더 지적이다. 보통 사람들은 생각 없이 "아는 건 없지만 말을 해야 해!"라는 충동을 따른다. 지적인 사람들도 그런 충동을 느끼긴 하지만, 그 충동을 좇지는 않는다. 유혹을 이기고 자제할 줄 안다. 지성이 있어야만 자제할 수 있다.

침묵은 이해와 동의를 표하는 강력한 방식이다

침묵할 줄 아는 사람은 이해심이 많아 보인다. 남의 아픔에 공감하고 동의할 줄 아는 사람이라는 인식이 생긴다.

고대 로마인들은 이 사실을 잘 알았던 모양이다. 그들의 법 원칙에 '침묵하는 이는 동의하는 것Qui tacet consentit'이 있는 것을 보면 말이다. 현대 법에서는 이것을 '암묵적 동의'라고 부른다. 어떤 제안에 반박이 없을 경우 동의했다고 해석하는 것이다.

이렇게 침묵은 계약을 성사시킨다. 물론 일상에서도 마찬가지다. 아무 말 없이 상대의 말에 귀를 기울이면서 이 사실을 표현하는 것은 곧 동의의 표시가 된다.

한 실험실 팀장이 자기 팀에서 실시한 실험 내용을 알려준 적이 있다. 두 사람씩 짝을 지어 대화를 나누게 했는데 유독 한 여성 피실험자가 "너무 좋은 대화였다"며 상대 남성을 침이 마르도록 칭찬했다. 그런데 팀장이 알기로는 그 상대 남성은 평소 소통 능력이 그리 뛰어나지 않았던 사람이었다. 그래서 궁금증에 녹화 영상을 돌려보았더니 그 남성은 거의 아무 말도 하지 않았다. 그의 입에서 나온 말은 주로 "흠", "네", 당연하죠", "정말요?", "세상에"처럼 동의를 표하는 추임새가 대부분이었다. 그런데도 대화 상대였던 여성 팀원은 그를 "달변가에, 이해심이 풍부하고 표현이 명확하다"고 평가했다.

거짓말 같은가? 그렇지 않다. 그 남자는 정말로 천재다. 그는 말을 많이 하지 않고도 많은 의미를 전달하는 방법을 알고 있었던 것뿐이다. 무엇보다도 그는 그런 방법을 통해 상대 여성의 모든 것을 알아냈다. 이것이 바로 침묵의 또 다른 힘이다.

듣는 자만이
기회를 잡는다

최근 한 은행협회 이사가 들려준 이야기이다. "시골에 은행이 두 개 있었는데 한쪽은 거의 파산 직전이고 다른 한쪽은 잘나가고 있습니다. 전자는 미국 부실 채권을 많이 샀다가 손해를 엄청 봤는데, 후자는 별로 안 샀거든요. 양쪽 모두 위기 관리팀이 있다 보니 팀원 중 적어도 한 명은 미국 채권의 부실 위험을 사전에 알았습니다. 그런데도 전자의 임원들은 그걸 전혀 몰랐습니다. 일주일에 한 번씩 위기관리팀과 정기 미팅을 했는데도 말입니다."

그 은행의 대화 모델은 이렇다. "자네들 대체 뭐 하는 거야? 이 건이 왜 아직 처리가 안 됐어? 왜 이렇게 느려?" 임원들이 미팅 시간의 80%를 쓰기 때문에 위기관리팀에게 돌아가는 시간은 고작 20%였다. 반면 다른 은행은 임원의 발언 시간이 40%에 불과했다.

떠들기만 하는 사람은 남의 말을 못 듣는다. 그리고 보았듯이 그런 장광설의 대가는 너무 비싸다. 심지어 리더의 장광설은 기업의 생명을 앗아갈 수도 있다.

당신이 아는 것은 중요하다
하지만 당신이 모르는 것은 더 중요하다

모두가 세상이 너무 역동적이라고, 너무 변화무쌍하다고 투덜댄다. 하지만 왜 자신이 투덜대는지, 그 근본적인 이유에 대해서는 도통 무심하다. 세상이 변화무쌍하다는 말은 지금 내가 갖고 있지 않은 지식이 더 중요하다는 소리다. 자신의 지식만으로는 세상의 변화를 예상할 수가 없기 때문이다. 그런 변화를 예측하고 이해하려면 내게 없는 지식이 필요하다. 나심 탈레브Nassim Taleb의 베스트셀러 『블랙스완』은 바로 이런 생각에 기초해서 나온 작품이다.

한데 계속 떠들기만 한다면? 새로운 지식을 습득하지 못하고 허점투성이인 자기 지식만 붙든 채 세상의 변화에 적응하지 못할 것이다.

많은 대기업이 X부서에 이미 해결책이 있는데도 Y부서에서 해결책을 찾다가 더 큰 비용을 부담하기도 한다. 상대의 말을 듣지 않고 계속 자기 말만 해대는 사람이 해결책이 있는 X부서로 일을 넘기지 않은 탓이다.

어떤 집에서 딸의 체험학습 비용을 두고 부부가 논쟁이 붙었다. 아빠는 너무 비싸다고 하고 엄마는 그게 뭐가 비싸냐고 학교 측을 옹호했다. 그러는 동안 딸은 거실에서 멀찍이 떨어져 앉아 TV를 보고 있었다. 한참 후 딸이 TV를 끄고 자기 방으로 들어가면서 지나가듯이 말했다. "아, 체험학습 취소됐어요. 비용이 너무 비싸다고 항의가 들어왔대요." 부모는 어이가 없어서 왜 진작 말하지 않았느냐고 야단을 쳤다. 그러자 딸이 이렇게 말했다. "언제 물어봤어요? 그리고 두 분 싸우고 있는데 제 말을 듣기나 했겠어요?"

다투는 사람은 들을 수가 없다. 그래서 때때로 엄청난 시간 낭비를 한다. 듣는 자만이 세상을 알게 된다.

"좋은 의견 고마워."
그걸로 끝!

갈등 상황에서는 말이 말을 부른다. 문제를 겪는 많은 부부가 "싸움을 할 때는 내가 무슨 말을 하건 상관이 없다"고 고백한다. 무슨 말을 해도 상대가 화를 낸다는 말이다.

본능대로 행동한다면 동물과 다를 바 없다

물론 침묵이라고 다 같은 침묵은 아니다. 상대의 말을 공손하게 경청하며 침묵해야 한다. 팔짱 끼고 이마를 찌푸린 채 소위 '말을 씹는' 행위는 안 된다. 그래, 잘 안다. 그것은 우리의 천성에 크게 어긋나는 요구다. 우리는 공격을 당하면 몽둥이를 치켜드는 네안데르탈인이니까. 개들을 보자. 한쪽이 으르렁거리면 다른 쪽도 따라서 으르렁거린다. 본능이 시키는 것이다. 당신은 어떤가? 본능을 따르고 싶은가, 이성을 따르고 싶은가?

협상에서도 말이 많다는 것은 본능에 좌우되고 있다는 것이다. 그런 사람들은 생각을 많이 하지 않는다. 그래서 쉽게 속아 넘어간다.

본능은 자극 반응에 따라 작동한다. 자극을 주는 쪽이 예상 가능한 반응을 도발하는 것이다. 아마도 이쯤에서 파블로프의 개를 떠올렸을 것이다. 개와 비교해서 미안하지만, 왜 그렇게 많은 사람이 파블로프의 개처럼 행동하는 걸까?

내가 아는 연구가가 소규모 실험을 한 적이 있다. 피실험자들을 두 팀으로 나누어 찬반 토론을 시키는 실험이었다. 한 팀에게는 이렇게 부탁했다. "하고 싶은 말 다 하면서 실컷 토론하세요." 다른 팀에는 "토론에 도움이 안 될 것 같은 말은 자제하세요."라고 부탁했다. 모호한 지시였지만, 자제하라는 지시를 받은 피실험자들은 말에 쏟아지던 관심을 침묵 쪽으로 돌리게 됐다. 덕분에 두 번째 팀이 토론을 마칠 때까지 걸린 시간은 첫 번째 팀의 절반밖에 안 됐고, 결과에 대한 만족도도 훨씬 높았다.

"완전 초짜 아냐?" 페터가 새 기계를 조립하다가 나사 하나라도 빼먹으면 클라우스는 여지없이 이런 유치한 멘트를 날린다.

페터도 즉각 반박하지만 그래 봐야 화는 풀리지 않는다. 그가 물었다. "그 완벽주의에다 사람 무시하는 말투, 정말 바꾸고 싶지만 도리가 없어요. 하지만 제 반응은 바꿀 수 있겠죠. 어떻게 하면 더 멋지게, 더 지적으로 대응할 수 있을까요?" 정말 지적인 질문이다.

많은 사람이 외부의 자극과 그 자극에 대한 자신의 반응을 구분하지 못한다. 둘이 떼려야 뗄 수 없는 관계라 믿기 때문이다. 그래서 누군가가 나를 건드리면 흥분하여 반격하거나, 꼬리를 내렸다가 친구에게 하소연한다. 우리의 본능이 진화론적으로 볼 때는 유의미할 수도 있는 인과적 관계(싸우든가, 도망치든가)를 요구하기 때문이다.

하지만 요즘 같은 세상에 본능은 착각을 유발할 뿐이다. 페터는 이런 그릇된 인과관계의 끈을 잘라버리고자 했다. 나는 그에게 다음번에 또 그런 일이 있으면 반박하지 말고 그냥 입 다물고 조용히 있으라고 했다. "하지만 그런 모욕적인 말을 그냥 인정할 수가 없어요." 페터가 이의를 제기했다. 페터가 말한 인정할 수 없다는 말이야말로 우리가 왜 침묵하기가 그렇게 힘든지를 알려주고 있다.

누군가 당신에게 어떤 말을 했다면 그건 그의 의견일 뿐 진실은 아니다. 그러니 모욕적인 말을 들었다고 해서 상대를 끝까지 쫓아가 취소한다는 말을 받아내야겠다는 생각은 잘못이다.

그건 중세 사람들이나 하던 짓이다. 갈릴레오 갈릴레이는 지동설을 부정하지 않으면 화형에 처하겠다고 협박을 받았다. 힘 있는 대형 교회가 한 인간을 악착같이 쫓아다니면서 의견의 수정을 요구한 것이다.

페터는 왜 클라우스의 말을 웃어넘기지 못할까? "실수 좀 했다고 20년 기술공에게 초짜라니, 웃기는 소리지." 이렇게 생각하고 그냥 넘어가지 못하는 이유는 뭘까? 이유는 간단하고도 심오하다. 페터가 클라우스의 의견을 자기 것으로 받아들이기 때문이다.

직접 침묵의 모델을 작성해보자

때로는 침묵에 앞서 일침을 놓을 필요가 있다. 그때 써먹을 수 있는 몇 마디를 미리 생각해두는 것도 좋은 방법이다. 예를 들어 페터는 클라우스가 또 비아냥거리자 다정하게 그를 바라보며 이렇게 일침을 놓았다. "좋은 의견 고마워."

그걸로 끝! 더 이상 대꾸하지 않았다. 그의 비난이 진실과는 상관없는, 그의 주관적인 견해일 뿐이라는 사실을 알려준 것이다.

이처럼 침묵의 문을 여는 말들을 생각해보자. 예를 들어 "그쪽 말이 옳아요. 그렇지만 여기까지만 하죠. 해결책을 찾는 게 우선일 것 같거든요." 또는 "어디까지 하실 건가요?", "그러니까 문제가 해결되려면 어떻게 하라는 거죠?" 같은, 멋지고 간결한 말들을.

│ **침묵훈련** │

언제, 무슨 일로 언쟁을 벌였는가? 혹은 앞으로 언쟁할 일이 있을 것 같은가? 끝없는 논쟁을 단번에 끝낼 강력한 한마디를 준비하자. 두 마디까지는 괜찮지만 세 마디 이상은 너무 많다. 시간을 내서 그런 강력한 말을 고민하고 작성해본 후 시험까지 해보라. "아버지에게 물려받은 것을 내 것으로 만들려면 열심히 연습해야 한다."는 괴테의 말마따나 하늘에서 거저 떨어지는 건 없다. 강력한 한마디도 고민과 노력이 필요하다.

흔히, 지나고
후회한다

한 고객사 미팅에 참석했다가 나는 내 귀를 의심했다. 사장이 이렇게 말했기 때문이다. "자, 잠시 후 투표에 들어가겠습니다. 결정을 내리기 전에 1분 동안 침묵의 시간을 갖도록 합시다." 미팅이 끝나고 그가 이렇게 설명했다. "처음에는 직원들이 깜짝 놀랐습니다. 의외라는 반응이었지요. 하지만 지금은 다들 그 시간이 얼마나 유익한지 잘 알고 있습니다."

흔히 잘못된 결정을 내려놓고 지나서 후회한다. "그때는 왜 그 생각을 못 했을까?", "왜 그게 안 보였을까?" 그 이유는 떠드느라 생각을 못 했기 때문이다. 침묵의 시간을 갖지 못하면 생각의 시간도 갖지 못하는 법이다.

최근에 어떤 회사에 전화를 걸었다가 ARS에서 흘러나오는 멘트를 듣고 머릿속에 번개가 번쩍였다. "지금은 모든 상담원이 통화 중입니다. 잠시만 기다려주십시오. 기다리는 동안 고요의 소리를 들으시게 될 겁니다." 정말이었다. 음악도, 안내문도, 짜증나는 신호음도, 하다못해 기계음조차 없었다. 그냥 조용했다. 완벽한 정적이었다. 어찌나 좋은지 상담원들이 통화를 더 오래 했으면 좋겠다는 생각이 들 정도였다.

시끄러운 세상 어디에도 정적은 없다. 그럴수록 절실하게 정적이 필요하다. 특히 협상과 결정의 자리에서는 더욱 그렇다.

침묵은 협상과 결정을 돕는다

- 대답하기 전에 잠시 침묵하면 머릿속으로 더 논리적인 결정을 준비할 수 있다.
- 잠깐만 침묵해도 상황에 맞는 어휘와 논리를 선별할 수 있다.
- 침묵하면 직감이 되살아난다. 직감은 훌륭한 길잡

이가 될 수 있다.

- 침묵하면 입에서 나오는 대로 내뱉고 후회할 일이
  없다.

피고인에게
묵비권이 있는 이유

법정에 서는 모든 피고인에게는 묵비권이 있다. 자신에게 불리할 것 같은 증언은 하지 않아도 되는 권리다. 이 또한 침묵이다. 법정에서조차 사용될 정도로 침묵은 유익한 것이다. 한데 그 권리가 막상 법정 밖에서는 많이 이용되지도 않고, 그리 호의적인 평판을 받지도 않고 있다.

당신이 침묵한다고 주변 사람들이 처음부터 열렬한 박수갈채를 보낼 것이라고 기대하지는 마라. 한 남성은 이렇게 말했다. "처음에 입을 다무니까 아내가 불같이 화를 내더군요. 10초 안에 대답하지 않으면 자신과 이야기하고 싶지 않은 걸로 알겠다고요." 이 남성은 어떻게 했을까? 항복하고 다시 끝없는 언쟁에 뛰어들었을까? 그는 현명하게도 아내에게 자신이 입을 다문 이유를 설명했다. "당신 말을 무시하려는 게 아니야. 일단 생각을 해보려는 거야. 당신은 사려 깊은 대답을 들을 자격이 있는 여자니까." 좀 닭살인가? 하지만 그 말에 아내는 기분이 풀렸고, 내게 이렇게 말했다. "남편이 예전보다 저를 더 진심으로 대한다는 느낌이 들어요. 싸움도 훨씬 줄었어요."

단, 침묵에도 규칙이 있다. 침묵을 실행에 옮긴 사람들이 한 말이다. "며칠만 지나면 입을 다물 적절한 시점이 눈에 보입니다. 침묵에도 규칙이 있는 거지요."

그러나 만병통치약은 없는 것처럼 각자에게 맞는 규칙은 다르다. 그러니 이성적으로 판단하여 침묵하고 그에 대한 반응을 주의 깊게 살펴 자신에게 맞는 규칙을 찾아내야한다.

말을 잘하는 사람보다
말을 잘 들어주는 사람을 좋아한다

대화하다가 입을 다물어버리는 것이 예의에 어긋나지 않느냐고 생각할 수 있다. 하지만 오히려 말을 너무 많이 하는 것이야말로 상대에게서 동등권과 존엄성을 빼앗는 행위다. 반대로 상대의 말을 경청하는 것은 상대에게 관심과 애정, 존경을 선사하는 것이다.

베스트 프렌드는 어떤 사람인가? 멋진 조언을 해주는 친구? 그렇게 대답하는 사람은 거의 없다. 대부분은 이렇게 대답한다. "내 말을 잘 들어주는 친구요." 우리는 떠들어대는 사람이 아니라 내 말에 귀를 기울여주는 사람을 원한다. 당신은 어떤 사람이 되고 싶은가?

침묵수업 2

강력한 한마디 준비하기

- 구체적인 상황에서 말과 침묵 중 어느 쪽이 더 유익할지 끊임없이 고민하고 자문하라.

- 적시에 침묵하면 지적이고 자신감 있고 이해심 많으며 믿을 수 있는 사람으로 보인다. 또, 상대에 대해 더 많은 것을 알 수 있다.

- 구차한 설명이 필요 없는 강력한 한마디를 준비하라. 침묵 후 미리 준비한 강력한 한마디를 던져라. 그리고 다시 침묵하라.

- 모욕과 비난을 받았을 때는 대응하지 말고 상대의 말을 경청하라. 그리고 침묵하라.

- 침묵하는 자만이 독립과 자율성을 얻을 수 있다.

- 침묵하는 능력은 핵심적인 질문과 통한다. 당신은 어떻게 살고 싶은가? 또 어떤 사람이 되고 싶은가?

3장

우리는 모두
'관종'이다

"말을 배우는 데는 2년이 걸리지만
침묵을 배우는 데는 평생이 걸린다."
- 어니스트 헤밍웨이

Schweigen

말하는 자가
통제한다는
착각을 버려라

지금까지 이야기했듯, 침묵은 진정한 소통의 기적을 일으킬 수 있다. 그런데도 왜 다들 입을 다물지 못하는 걸까? 여기에는 많은 이유가 있다.

말을 하는 자가 통제하고 있다는 착각

기업에서 그룹 코칭이나 팀 트레이닝을 할 때마다 사장이나 팀장들이 말한다. "팀을 살려야 하니 나는 이제부터 뒤로 물러나겠어요. 여러분이 어떻게 생각하는지 각자 의견을 허심탄회하게 얘기해주세요." 이런 모습을 볼 때마다 나는 한숨을 푹 쉰다. 왜냐고? 결과가 어떨지 안 봐도 훤하니까. 상사는 입을 다물고 부하직원들에게 말할 기회를 주지 못한다. 1분만 지나면 슬슬 한 마디씩 덧붙이다가 곧 본격적으로 연설을 늘어놓기 시작한다.

실제로 대부분 그들이 부하직원들보다 훨씬 아는 것이 많다 보니 그 찬란한 지식을 가지고 가만히 물러나 있고 싶어 하지 않는다.

왜 대부분의 경영인들은 침묵을 못 견딜까? 수백만 달러짜리 협상을 척척 해내는 사람들이 그 간단한 입 다물기를 하지 못하다니! 이유는 '말'과 '통제'를 헷갈리기 때문이다. 이것이 경영인뿐 아니라 부모, 선생, 트레이너, 자문가 등이 좀처럼 입을 닫지 못하는 가장 흔한 이유다.

이를 가장 확실히 확인할 수 있는 기회가 바로 좀 전에 말한 팀 트레이닝 자리다. 결국 팀 상황이 참담해지면 내가 소방관이 되어 불을 끄러 불려나간다. 직원들의 말을 끝까지 들어주지 못해 그들의 의견과 입장을 이해할 수 없는 상사 때문에 불려나가는 것이다. 그러나 마이크가 내 손으로 넘어와도 상사는 가만히 있지 못하고 불안해한다. 통제력을 잃을까봐, 예상치 못한 상황이 펼쳐질까봐, 곤혹스러운 처지에 처할까봐, 권력을 놓칠까봐 불안해하는 것이다.

다 틀렸다. 계속 떠들어야 통제력을 손에 쥐는 것이라 생각하는 사람은 아이러니하게도 통제력이 없는 것이다. 있어봐야 쥐꼬리만큼? 부하직원들은 바보가 아니다. 제대로 의사를 전달하는 상사와 통제력을 잃을까봐 떠드는 상사를 부하직원들은 정확히 구분한다. 그런데 보통은 통제력을 상실하지 않기 위해 경영인이 된다. 그리고 지위가 올라갈수록 통제력도 늘어난다고 생각한다. 그러니 입을 다물고 싶지가 않은 것이다. 침묵은 통제력의 상실 또는 포기와 동의어라고 믿기 때문이다.

오로지 통제력을 위해 산다면, 나아가 연설을 통제력과 동일시한다면, 그런 사람들에게는 입을 다물 능력을 키우라는 요구 자체가 무의미하다. 입을 다물 마음조차 없는 사람에게 침묵하는 능력을 키울 의지가 있을 리 만무하다. 그렇지만 성찰 능력을 요구하는 건 잘못이 아니다. 인간이 동물과 다른 점은 바로 성찰을 할 수 있다는 점이니까.

성찰로 당신이 잃을 것은 아무것도 없다
하지만 아무리 침묵할 수 없는 이유가 많다고 해도 그 말이 곧 침묵하지 않아도 된다는 의미는 아니다.

보통 팀 트레이닝이 끝나면 나는 팀장이나 사장을 따로 불러 물어본다. "직원들이 말하는 동안 왜 5분도 못 참는 겁니까?" 대답은 통속적이지만 많은 것을 시사한다. 그들 중 삼분의 일은 이렇게 말한다. "그러게 말입니다. 혹시 저를 개인적으로 코칭해주실 수 있나요?" 그리고 다른 삼분의 일은 이렇게 말한다. "말도 안 되는 소리를 지껄이잖아요." 그리고 마지막 삼분의 일은 이렇게 말한다. "네, 저도 알아요. 그러지 말아야지 하는데도 어쩔 수가 없더라고요."

당신은 어느 쪽인가? 어느 쪽에 들어가고 싶은가? 그리고 그 이유는 무엇인가?

| **침묵훈련** |

또 수다의 신이 강림하셨다. 마음 저 깊은 곳에서 어떤 기분이 드는가? 당시의 느낌을 끌어내 다시 한번 느껴보라. 1분이면 된다. 자주, 오래 과거를 떠올릴수록 앞으로 더 자주, 더 오래 침묵을 견디고, 두려움 없이 침묵하는 법을 배울 수 있을 것이다.

경기 시작 직전에
조잘거리는
선수는 없다

　직장이, 인간관계가, 가족이, 주변 사람들이, 사회가……
모든 것이 날로 바쁘게 돌아간다. 우리는 쉬지 않고 스마트
폰이나 아이패드를 들여다보고, 노래를 듣고, 대형 마트에
서 물건을 사고, 인터넷 서핑을 하고, 인스타그램을 하고,
TV를 본다. 조용히 마음을 다독일 시간은 없다. 가만히 앉
아서 아무것도 하지 않을 수 있는 사람도 없다. 그러고 싶은
마음도 없을뿐더러 그럴수도 없다. 어째서일까?

　우리는 조용하고 고요한 상태를 참지 못하는 스트레스
중독자들이다. 세상은 힘껏 그 중독을 독려한다. TV 생방송
중 1분간 쉬어가는 시간도 사실은 휴식시간이 아니라 광고
시간이다. 그렇다. 현대사회에서 휴식은 없다. 철저히 폐지

당했다. 말이 곧 매출인 시대, 침묵은 자본주의에서 범죄와도 같다. 다시 말해, 우리는 소음과 분주함에 조건반사하는 파블로프의 개와 같다.

중독과 노이로제

한 여학생이 친구 귀에 꽂힌 이어폰을 뽑았다가 따귀를 맞은 적이 있다고 한다. 물론 친구는 '고의로' 그런 것은 아니었다. 그냥 반사적인 행동이었다. 그러나 차라리 고의로 그랬다면 내 마음이 조금은 편하겠다. 이런 공격적 반사는 전형적인 중독자들의 행동이기 때문이다. 마약을 빼앗긴 마약 중독자는 파충류 뇌처럼 반응을 한다. 이성이 사라진 동물의 뇌가 되는 것이다. 극단적으로 말하자면 지속적인 소음과 스트레스는 인간을 동물로 만든다.

아침마다 TV를 켜놓고 밥을 먹는 습관을 고쳐보려 했던 여성 경영인이 있다. 그러나 심각한 금단현상이 나타났고, 도무지 적막을 참을 수 없어서 다시 TV를 켰다고 한다. 어떤 방송인지는 전혀 상관이 없었다. 중요한 것은 '조용하지 않은' 상태. 그녀는 대형 의료 기관에 약품을 납품하는 기업의 사장이다. 생각만 해도 소름이 돋는다. 우리 경제를 좌지

우지하는 사람이 TV를 끄는 간단한 일조차 뜻대로 할 수 없다니……

우리 부모 시대는 늘 배가 고프고 추위에 시달렸고, 모든 것이 부족했다. 반면 우리는 추위와 기아 따위는 무서워하지 않게 되었지만 정적은 무서워한다.

이런 삶에 신물이 난 사람들 사이에서 아미쉬Amish, 현대 기술 문명을 거부하고 소박한 농경생활을 하는 미국의 기독교 집단~옮긴이 라이프가 인기를 누렸다. 현대인들은 휴식을 찾는다. 침묵과 고요와 명상과 내면의 평화를 찾는다. 귀에 꽂은 이어폰의 소음이 행복을 선사해줄까? 이어폰을 낀 채 전철에 탄 사람, TV 화면을 보며 헬스클럽 워킹머신에서 열심히 걷고 있는 사람들이 행복해 보이는가? 내가 아는 한 아미쉬 사람들은 아이폰이 뭔지 모른다. 심지어 그게 어디에 쓰는 물건인지도 모른다. 반면 현대인에게 스마트폰과 SNS, 노트북을 빼앗으면 심각한 문제가 발생한다. 그래서 요즘 나는 숲속에 가만히 서서 자연을 즐길 줄 아는 사람들을 보면 존경심이 든다. 이것이야말로 진정한 능력이다. 그들이 아이폰 사용자보다 더 행복에 가까운 사람들이다.

그렇다고 내가 아미쉬이거나 문명반대론자는 아니다.

다만 마음의 평화를 방해하는 온갖 중독제들에 반대할 뿐이다.

정적은 차단이요, 휴식이다

다행히도 정적의 가치를 알아보는 사람이 늘고 있다. 실제로 최근에는 이렇게 말하는 직장인들이 많아졌다. "예전에는 점심 식사 후 동료들과 카페에서 수다를 떨었는데, 요즘에는 5분이라도 회사 주변을 산책하면서 혼자만의 시간을 가집니다." 한 남성은 이런 말을 했다. "누구에게나 단 5분이라도 휴식이 필요합니다. 그래서 요즘에는 쉴 때 인터넷을 하지 않습니다. 그냥 창밖을 내다보며 생각에 잠기지요."

세 아이의 아빠가 이런 말을 했다. "아침에 아내가 출근하고 애들을 학교에 보내고 나면 라디오를 켜고 스마트폰을 끕니다. 그리고 홀로 식탁에 앉아 커피를 마시면서 창밖을 봐요. 이때가 하루 중 가장 황홀한 시간이에요. 나 혼자만의 시간. 그 시간이 없으면 하루를 견디기 힘들 거예요." 10분의 휴식이 하루를 버틸 힘을 준다. 명상을 하건 산책을 하건 상관없다. 중요한 것은 마음이 쉴 수 있는 시간을 규칙적으로 갖는 것이다.

5분 대기조처럼 항상 연락이 닿아야 하고, 항상 응할 준비가 되어 있어야 하는 현대인들에게 이런 규칙적이고 의도적인 침묵은 활력소가 된다. 긴 시간일 필요도 없다. 몇 초에서 몇 분이면 충분하다. 나는 모두가 언제라도 이용할 수 있는 기가 막힌 휴식 장소를 알고 있다. 사실 모든 사람이 하루에도 몇 번씩 찾는 곳이다. 이곳은 회사에서 5분 동안 혼자 있을 수 있는 유일한 장소이기도 하다. 그렇다. 당신도 아는 곳이다. 꼭 방광에 압박이 오지 않더라도 화장실에 들르지 않는가?

정적의 효과는 상상 이상이다. 경기에 출전하기 전 운동선수들을 생각해보라. 경기 시작 직전에 조잘거리는 선수는 없다. 다들 입 다물고 정신을 가다듬는다. 정적 속에 힘이 있기 때문이다.

| **침묵훈련** |

잘 찾아보면 우리 곁에도 정적할 수 있는 비밀의 장소가 있다. 이런 곳을 최소 다섯 군데 생각해서 적어보자.

말을 하면,
들을 수 없다

보통은 아무것도 안 하는 것보다 무언가를 할 때 더 힘이 든다. 그러나 침묵은 반대다. 수다는 쉽지만 침묵은 힘들다. 침묵에는 지성과 관심, 굳은 의지와 동기, 연습이 필요하다. 하지만 일단 몸에 익고 나면 끊임없이 떠드는 것보다 입을 다무는 쪽이 훨씬 편하고 쉽다. 이쯤 되면 떠들고 싶지도 않을 것이다. 그래야 더 많은 것을 들을 수 있으니까.

남의 말을 들으려면 입을 다물고
TV와 스마트폰을 끌 수 있어야 한다

우리가 점점 침묵을 지키기 어려운 이유 중 하나가 바로 '사람들의 관심을 끌고 싶기 때문'이다. 말 그대로 '관종'이 넘쳐나는 세상이다. 어떻게든 엄마의 관심을 끌려는 어린 아이처럼 사람들의 관심을 끌고 싶어 끊임없이 말하고, 메시지를 보내고, SNS에 사진과 글을 올린다.

하지만 사실 사람들은 타인의 말을 듣고 싶어 하지 않는다. 자기중심주의가 날로 심화되면서 자연스럽게 타인에게 별 관심이 없어졌다.

엄마가 부엌에서 잔소리를 시작한다. 거실의 딸은 TV 볼륨을 높이고는 스마트폰만 들여다본다. TV 소리로 엄마의 목소리를 덮어버린 것이다. 그날 저녁, 식탁에 엄마가 보이지 않자 딸이 묻는다. "엄마 어디 갔어요?" 아빠는 그 순간 자신도 박차고 일어나 아내가 누워 있는 안방 침대로 들어가 몇 달쯤 푹 쉬고 싶었노라고 나에게 고백했다. 그리고 내게 물었다. "엄마가 그렇게 화를 내는데 TV 소리를 더 키우다니, 제정신일까요?" 나는 그의 딸이 지극히 정상이라고 답했다. 이 시대에, 이런 분위기의 문화에서는 당연한 행동이라고……

아빠가 화가 난 이유는 딸에게 공감과 관심을 기대했기 때문이다. 하지만 아쉽게도 딸은 그런 것을 배우지 못했다. 공감과 관심이 당연한 분위기에서 성장하지도 않았다.

어떤 남자가 쇼핑센터에서 울고 있는 아이를 목격했다. 그의 첫마디는 "왜 우니? 엄마 잃어버렸어?"였다. 그리고 계속해서 아이에게 말을 붙였지만, 아이는 울기만 할 뿐이었다. 그때 이 꼬마의 누나가 나타났다. 누나는 말없이 동생 옆에서 있다가 잠시 후 동생의 손을 잡았다. 그러자 차츰 마음이 누그러진 동생이 재잘거리기 시작했다. 그리고 둘은 당황한 아저씨를 남겨둔 채 쇼핑센터를 빠져나갔다.

우는 아이에게 쉬지 않고 말을 늘어놓는 것만큼 어리석은 짓도 없다. 누나는 본능적으로 이를 알았다. 직관과 공감이 아직 살아 있고, 침묵을 통해 관심을 표현할 줄 안 것이다. 어린아이였지만, "말할 수 없는 것에 대해서는 침묵해야 한다"는 철학자 비트겐슈타인Wittgenstein의 그 유명한 명언을 이해했다고 볼 수 있다. 아이가 울 때는 떠들 게 아니라 안아주고, 머리를 쓰다듬어주고, 눈물을 닦아주고, 공감의 신호를 보내야 한다. 그런데 요즘에는 부모들조차 그렇게 하지 않는다.

"자랑질을
멈출 수가 없어요"

두 사람이 대화를 나누고 있다. 한 사람이 자기 다리가 아프다고 입을 떼자마자 다른 사람이 끼어들어 자기 무릎은 더 아팠다고 말한다. 둘 중 어느 쪽이건, 비슷한 일을 겪어본 사람이 많을 것이다.

내 집, 내 차, 내 보트!

이런 사람들은 어떤 주제에 대한 의견을 나누기 위해서가 아니라 지위를 얻고 지키기 위해, 더 높은 지위에 오르기 위해 말을 하는 것뿐이다. 다리가 아프다는 상대보다 자기 무릎이 더 아팠다고 말함으로써 더 높은 지위를 얻었다고 (완전히 무의식적으로) 믿는 것이다.

특히 남자들은 대놓고 이런 유치한 싸움을 벌이는 경우가 많다. "나 5주 동안 깁스해야 된대"라는 사람에게 "겨우 그 정도로 엄살은…… 나는 무릎에 7주 동안이나 깁스하고 다녔어!"라고 면박한다.

여자들은 이런 싸움이 유치하다고 생각해서인지 조금 더 교묘한 방법을 택한다. "이번에 내과 과장에게 예약을 했어." 이 말은 '난 내과 과장에게 예약을 할 정도로 지위가 높다'는 뜻이다.

하지만 이런 은근슬쩍 던지는 자랑 역시 유치하기는 마찬가지 아닌가? 인간은 원래 이렇게 저급하고 유치하고 한심한 생명체인가?

당연히 그렇지 않다. 사람들이 '내 집, 내 차, 내 보트!' 게임을 즐기는 건 사실 큰 문제가 아니다. 그건 수백 개의 다른 게임과 다를 것이 없는 게임이다. 인간에겐 게임이 필요하다. 게임은 즐겁고 재미있다. 수백만 달러짜리 공사를 수주받았다고 좋아하는 이사의 자랑보다 더 듣기 좋고 즐거운 일이 어디 있겠는가? 아이가 자기 헤어스타일을 자랑할 때마다 나는 아이의 머리카락을 쓰다듬으며 "엄마 눈에도 네가 제일 예뻐!"라고 해준다. 문제는 게임 자체가 아니라 게임을 '잘못'한다는 것이다.

'내과 과장' 여성은 사실 내 지인이다. 그녀의 친구들은 뒤에서 쑥떡거렸다. "내과 과장? 놀고 있네! 저렇게 자랑이 하고 싶을까?" 그녀는 나와 단둘이 상담할 때도 끊임없이 자랑을 해댔다. "제가 그 친구들이랑 수준을 맞추려고 담배도 끊었거든요. 그런데도 날 못마땅하게 생각해요." 내가 은근슬쩍 자랑하는 것을 그만두라고 권하자 그녀는 깜짝 놀랐다. "내가 자랑을 했다고요? 전혀 몰랐어요!"

정말 난감했다. 무슨 주제가 나오건 그녀는 자랑질을 멈출 줄 몰랐기 때문이다. 휴가 이야기가 나오면 알프스와 콜로라도 여행 이야기를 풀어놓았다. 그러고는 흠칫 놀라며 입술을 깨물었다. 비즈니스 이야기가 나오면 최근에 어마어마한 프로젝트를 맡았다고 자랑했다. 그리고 1초 후, 이렇게 말했다. "어머, 또 자랑했네요." 세 번의 상담이 끝나자 그녀는 거의 실신 지경이었다. "제가 계속 그랬군요. 전혀 몰랐어요. 세상에, 다들 날 얼마나 한심하게 생각했을까?" 아마 그랬을 것이다.

하지만 이런 경우 비난은 도움이 되지 않는다. 그녀에게 필요한 것은 대안이 될 언어 모델일 뿐이다.

알프스나 콜로라도 같은 말을 입에 올릴 것 없이 그냥 "스키 타러 갔다 왔다"고 하면 된다. 물론 이야기를 이어가다 보면 알프스였다는 사실이 밝혀질 수도 있지만, 그때쯤 되면 더 이상 자랑처럼 느껴지지 않는다.

의식적으로 숨겨야 할 것도 있다

바로 이게 새로운 방식의 침묵이다. 의식적으로 숨기기위해 하는 침묵이다. 이처럼 의식적인 침묵을 미덕으로 여기는 문화권이 있다. 튀르키예도 그런 나라 중 하나다. 전통적인 튀르키예 가정에서는 빈 냉장고를 채운 사람이 자신이 그랬다고 굳이 말하지 않는다. 그렇게 떠드는 건 냉장고를 채우지 않은 사람이나 그 시간에 가정을 위해 다른 유익한 일을 했던 사람을 배려하지 않는 무례함이자 우쭐거림이라고 생각한다. 또, 당연한 일을 했을 뿐이기에 자랑할 이유가 없다고 생각한다. 말하고 싶다고 해서 무엇이든 말하는 것은 아무런 도움이 되지 않는다.

'내과 과장' 여성은 이후 친구 그룹에 완전히 합류했다. 다들 그녀의 변화를 환영하고 반겼다. "정말 달라졌어요. 멋져요." 그녀는 이제 자랑처럼 보이는 것에는 입을 다물 줄 알고, 나아가 다른 사람의 말을 들어줄 줄 알며, 더 오래 침묵하고 타인의 말을 경청한다. 그리고 남을 북돋아준다. "저번에 자기가 알려준 그 펜션, 정말 좋더라! 알려줘서 고마워!" 이런 식으로 말이다. 수다쟁이보다는 남의 말을 경청하고 적은 말에 무게를 실을 줄 아는 사람이 더 인정받는다는 것을 깨닫기까지 참 오랜 시간이 걸린 것이다.

경영 트레이너 톰 슈미트Tom Schmitt는 이런 대화 패턴을 '지위 게임'이라 부른다. 고대 문화권은 그 게임을 올바로 할 줄 알았다. 중국에서는 협상 테이블에 앉으면 협상에 참여하는 것도 아니면서 입을 꾹 다문 채 가만히 앉아 가끔씩 고개를 끄덕이는 연배 지긋한 사람들이 꼭 있다. 한창 협상 중인 현장인데도 말이다. 상황을 파악하지 못해서가 아니라 오히려 너무 잘 파악해서다. 중국에서는 입을 다무는 쪽이 지위가 더 높다. 오래 침묵할수록 지위는 더 높다. 자고로 주인공은 마지막에 등장하지 않던가. 그러니 중국 사람들 눈에 서양의 CEO들은 말을 전달하는 전령으로밖에 안 보였을 것이다.

서양 경영자들은 일하는 사람들이다. 그리고 그들이 생

각하는 '일을 한다'는 것은 '말을 한다'는 의미다. 그러니 일을 하지 않는 것, 즉 침묵이 더 효과가 클 것이라는 생각을 좀처럼 하지 못하는 것이다.

지위가 높을수록
말이 많아지는 이유

한 수도원장이 몇 년 전부터 경영자들을 대상으로 묵언수행을 실시했는데, 호응도가 높다고 한다. 기부금을 많이 받아 수도원 운영에 큰 도움이 된다며 자랑을 했다. 그런데 가끔 참가자들이 묵언수행 중에 앰뷸런스에 실려 나가는 불상사가 발생해 걱정이라고 했다.

잠깐, 실려 간다고? 처음에는 잘못 들은 줄 알았다. 하지만 이내 무슨 말인지 이해했다. "너무 조용해서 못 견디는 거죠?" 내 질문에 수도원장은 고개를 끄덕이며 한숨을 내쉬었다. "그들을 보고 있으면 참 딱합니다. 아무리 돈이 많고 지위가 높으면 뭐합니까? 가장 소중한 걸 잃어버렸는데……."

이 경영자들은 어째서 입을 다문 것만으로 쓰러지는 걸

까? 이들이 쓰러진 이유가 입을 다물고 있으면 나쁜 생각이 자꾸 떠오르기 때문이라 여기고 넘겨버릴 수도 있다. 하지만 그보다는 이들이 사회적 지위를 통해 자신을 정의하기 때문일 가능성이 높다.

이들은 경영자로 일하는 것이 아니라 경영자 '그 자체'다. 그리고 그 지위와 말을 연결시킨다. 사장은 가장 말을 많이 하고 항상 옳은 사람이다. 말을 하지 않으면 더 이상 사장이 아니다. 자신의 정체성을 잃고 무력해진다. 자율신경계가 멈춘다. 우리는 이런 현상을 '죽음'이라 부른다. 그 경영자들은 입을 다무는 순간 죽은 것과 다름없다. 많은 직원들이 말한다. "우리 사장은 말하는 걸 너무 좋아해요. 5분만 입을 다물어도 환장할걸요?" 5분? 너무 후하다. 수도원에 왔던 경영자들은 3분 만에 다리가 후들거려 무릎을 꿇었다는데……

말이 곧 정체성이라 믿는 사람들

프로이트가 살아 있었다면 이렇게 말했을 것이다. "외적인 졸도는 내적인 졸도를 반영한다. 경영자들에게서 말을 뺏는 건 정체성을 박탈하는 것과 다름없다." 사회적 지위가 없다면 나는 누구일까? 아무도 아니다.

경영자들에게 말을 뺏는다고 해서 그가 아무도 아닌 것은 당연히 아니다. 그저 자신들이 그렇게 믿을 뿐이다. 자신이 남편이자 아버지이고 동료이며 골프장 회원이자 수리학 전문가라는 것을 인식하지 못하기 때문이다. 이런 수많은 정체성을 발견하고 자신의 가치를 높이는 것이야말로 침묵이 줄 수 있는 위대한 기회다. 말이 곧 사회적 지위와 정체성이라 여긴다면 굳이 그걸 빼앗을 이유는 없다. 하지만 그 외에도 자기 안에 숨은 다른 정체성들을 깨닫는다면 더 좋지 않겠는가? 결국 침묵할 줄 모르는 사람은 대화 상대뿐 아니라 자신도 존중하지 않는 것이다.

│ **침묵훈련** │

끊임없이 떠드는 당신의 모습 뒤에는 과연 무엇이, 얼마나 많은 인격이 숨어 있을까? 당신은 그 인격이 마음에 드는가?

누구에게나
약점은 있다

"아, 괜히 그런 말을 했네. 참을걸." 말을 뱉은 후에 이렇게 후회한 경험이 있을 것이다. 하지만 막상 말을 할 때는 참아야 한다는 사실을 알지 못한다. 이성이 차단되어버리기 때문이다. 어째서일까?

2장에서 말한 아킬레스건, 즉 치명적인 약점에 대해서는 더욱 침묵하는 법을 배워야 한다. 침묵은 자신을 돌아볼 기회이기도 하다. 자신의 약점이 무엇인지와 생각 이상으로 자신에게 약점이 많다는 사실을 알게 될 것이다.

내담자 중 이런 말을 한 여성이 있다. "길에서 웬 미친놈이 저에게 '옷을 그따위로 입었냐'고 욕하면 피식 웃고 말 거예요. 그런데 남자친구가 제 옷에 트집을 잡으면 완전히 꼭지가 돌아버려요. 이유가 뭘까요?" 바로 거기에 그녀의 약점이 있기 때문이다. 그녀는 남자친구에게 옷 잘 입는 여자로 보이고 싶은 것이다.

약점을 건드렸을 때 대응하는 방식에서 한 인간의 성숙도를 볼 수 있다. 기분 나쁜 말에 일일이 반응하는 사람이 있는가 하면, 어지간해서는 피식 웃고 넘기는 사람도 있는 것이다.

'부하직원들이 말도 안 되는 헛소리를 해서' 못 참고 끼어들었다는 임원들의 말을 들을 때면 나는 화가 난다. 그래서 어쨌단 말인가? 그렇다고 꼭 그렇게 지적을 해야 하나? 좋은 말 한두 마디로 고쳐주면 될 것을 꼭 교장 선생님 조회처럼 끝없이 연설을 늘어놓아야만 하는 것인가?

그렇다면 그들은 대체 왜 이럴까? 바로 타격을 입었기 때문이다. 자신의 '독선가 콤플렉스'를 강타당한 것이다. 혹은 완벽주의나 통솔력이. 그러나 나를 찾아온 경영자들의 90%는 나의 조언에 이렇게 대꾸한다. "그런 이유 때문이라고는 한번도 생각해보지 않았습니다."

아이들도 부모의 약점을 이용하는 경우가 많다. 방 청소 좀 하라고 소리치면 아이는 핵폭탄을 터트린다. "줄리아 엄마는 방 좀 어질러도 뭐라고 안 한다는데 엄마는 왜 그래?" 내가 아는 바로는 이런 소리를 듣고 "그래, 엄마가 잘못했어"라고 할 엄마는 없다. 아, 딱 한 사람 안다. 얼마 전에 자신의 약점을 파악한 여성이다. 그녀는 이와 똑같은 상황에서 이렇게 대답했다고 한다. "엄마는 청소가 너무 좋거든. 그래서 청소를 꼭 해야 하니까 청소하기 싫거든 친구네 가서 살든지."

자신의 약점을 알면 타인에게 휘둘리지 않는다. 특히 협상 자리에서 이런 능력은 비교할 수 없을 만큼의 가치가 있다. 그래서 협상에 능한 사람은 의도적으로 상대방의 약점을 건드린다. 그러면 상대방이 생각 없이 따발총을 날릴 것이고, 생각 없이 말하면 반드시 실수를 한다는 것을 알기 때문이다.

| **침묵훈련** |

당신은 언제, 누구의 어떤 말에 화를 내는가? 반드시 화를 내게 되는 특정한 말이 있는가? 기분이 나빴다면 그 정확한 이유는 무엇일까?

하나 마나 한
소리는 이제 그만

입에서 나오는 대로 말을 하는 건 그냥 생각이 없기 때문이기도 하고, 차분하지 않고 신중하지 않기 때문이기도 하다. 실제로 대화를 나누는 사람들을 관찰해보면 정말 빨리, 생각 없이 말을 쏟아낸다는 것을 알 수 있다. 이들의 말과 제스처, 동작, 말하는 호흡 등을 살펴보는 것만으로도 생각하고 말하는 데 도움이 된다.

선불교에서는 사람이 말을 할 때는 온전한 자기 자신이 아니라고 한다. 곱씹어볼 만한 이야기다. 상대가 온전히 자기 자신이 아니라면 나는 과연 누구와 대화를 하는 것이며 그의 말에는 얼마만큼의 가치와 진실성이 있는 걸까?

신중하지 못한 문화

우리 문화는 생각 없음을 장려한다. 3초만 대답이 늦어도 상대는 초조해한다. 우리 시대는 곰곰이 생각한 대답에 관심이 없다. 그러니 무슨 말을 하는지가 아니라 얼마나 빨리 말하는지가 중요하다. 생각이 없고 하나 마나 한 소리라도 상관없다.

하지만 딱 5초만 생각하고 말할 수 있다면 모든 것이 달라진다. 내가 아는 한 경영자는 회사에서 모두의 존경을 받는다. 그에게는 함부로 대할 수 없는 위엄과 신뢰가 있다.

그는 그런 평가에 웃으며 이렇게 말했다. "제가 그리 잘난 사람은 아닙니다. 다만 말을 하기 전에는 꼭 5초 동안 생각을 하지요. 그게 다른 사람들과의 차이 같습니다." 정말로 단 5초가 그의 말에 위엄과 신뢰를 선사한다면 10초 동안 생각하면 어떤 일이 일어나겠는가?

물론 당신이 갑자기 말을 멈추고 생각에 잠기면 처음엔 주변 사람들이 당황할지도 모른다. 하지만 걱정할 필요 없다. 다들 금방 적응한다. 사려 깊게 선별한 당신의 말에 얼마나 무게가 있는지 금세 깨닫게 될 테니까.

어쩌면 이 책이 침묵을 무조건 찬양하는 것이라 오해하

는 사람도 있을지 모르겠다. 하지만 절대 그렇지 않다. 내가 말하고 싶은 것은 침묵과 말 모두 신중하고 사려 깊게 하라는 것이다. 다시 말해 의식적으로 선택하라는 의미다. 그래야만 신뢰할 수 있는, 진정한 의미의 인격적 소통이 가능하다. 그 소통 뒤에는 맹목적 반사작용이 아니라 한 인간이 있다. 동물에게는 이런 선택권이 없다. 동물은 반사작용만 한다. 하지만 인간은 자극과 반응 사이에 반사작용 외에도 이성과 인성, 결정이 있다. 그러니 좀 과장하자면, 침묵할 줄 모르는 사람은 절반만 사람인 셈이다.

ㅣ **침묵훈련** ㅣ

다음 질문에 최대한 빨리 대답하라. "어떻게 지내요?" 대답했는가? 그럼 이번에는 같은 질문에 5초 생각하고 대답해보자.

침묵수업 3

말하기 전 5초 생각하기

_____

- 사실 누구나 침묵할 수 있다. 간단하다. 그냥 입만 다물면 된다.

- 그런데도 침묵할 수 없다면 분명 그럴 만한 이유가 있는 것이다. 그 이유를 찾아보라.

- 유독 입을 다물지 못하는 상황이 있다면 내 안의 어떤 두려움 탓이 아닐까?

- 그런 상황에서 어떤 감정이 솟구치는지 잘 살펴보자.

- 침묵하라는 것은 절대로 입을 열지 말라는 의미가 아니다. 말을 하건 침묵을 하건 의식적으로 하라는 뜻이다.

4장

비울수록 커지는
말의 무게

"말을 하려거든 침묵보다
더 가치 있는 말을 하라."
- 피타고라스, 고대 그리스 철학자

Schweigen

왜 한 시간도
스마트폰을
끄지 못할까?

　팽팽한 긴장의 시대다. 그래서 다들 너무 피로하고 무기력하다. 좀 쉬면서 충전을 하고 싶다. 그런데 의사와 심리학자들은 하나같이 외부의 정적, 세상의 침묵이 아닌 내면의 침묵이 관건이라고 말한다.

　우리 모두 이 사실을 잘 알고 있고, 또 진심으로 충전을 원한다. 그런데도 그렇게 하지 못하는 이유가 뭘까? 왜 한 시간만이라도 스마트폰을 끄지 못할까? 왜 계속 말을 늘어놓는 것일까? 소음과 스트레스 때문에 돌아버릴 지경이면서도 왜 차에 오르면 라디오부터 켤까? 왜 우리는 단 5분의 침묵도 견디지 못하는 걸까? 대답은 간단하다. 고요함을 필요로 하면서도 우리가 고요함을 견디지 못하기 때문이다.

우리 할아버지 세대에서 고요는 축복이었다. 하지만 우리에게 고요는 저주다. 우리 사회는 고요를 피해 도주 중이다. 열심히 돌려봐야 같은 광고만 나오는 TV 앞에 멍하니 앉아 있다. 내면의 침묵은 두려움을 안겨주기 때문이다. 그러니 두려운 일을 하는 것보다는 TV를 켜는 편이 안정적인 것이다.

조용한 방 안에 홀로 있는 것은 어떻게 고문이 되는가?

수천 명의 직원을 거느리고 매일 수백억어치 달러의 계약을 성사시키는, 불가능을 모르는 경영자가 있다. 그에게 불가능한 건 딱 하나뿐이다. TV, 컴퓨터, 노트북, 스마트폰이 없는 방에 홀로 앉아 있는 것이다. 우리는 조용한 방 안에 홀로 있지 못한다. 차라리 집을 짓거나 파트너와 싸울지언정, 심지어 전쟁을 할지언정 조용히 혼자 있는 것은 절대 못 한다. 그리고 그렇게 하고 싶어 하지도 않는다.

수학자 파스칼Pascal이 괜히 이런 말을 했겠는가. "인간의 모든 불행은 오로지 방 안에 조용히 있을 수 없기 때문에 생긴다."

계속해서 도망만 치다 보면 '나'를 잃게 된다

입을 닫고 모든 소음의 원천을 끄면 마음 가장 깊은 곳에서 목소리가 들려온다. 그게 때로는 편치가 않고, 때로는 아프다. 그래서 도망치고 싶어진다. 그 성가신 생각들에 일일이 신경 쓸 시간도, 의욕도 없기 때문이다.

물론 가끔은 정적과 생각으로부터 도망을 치는 것도 큰 문제가 아니다. 하지만 계속 도망만 치다보면 자신을 잃게 된다. 마음 깊은 곳에서 들려오는 소리를 계속 쫓아내면 언젠가는 그 소리가 완전히 사라진다. 그러면 고요와 정적, 침묵의 가치를 누릴 기회도 함께 사라지는 것이다.

아프더라도, 귀찮고 도망치고 싶더라도 피하지 말아야 할 일이 있는 법이다. 양치질만 해도 그렇다. 분명 귀찮은 일이다. 특히 아이들에게 양치질을 제대로 가르치려면 몇 년이 걸린다. 하지만 귀찮다고 해서 하지 않으면 어떤 일이 일어나는지 우리 모두 잘 안다. 정적을 피하는 것은 그보다 훨씬 비극적인 결과를 낳는다. 직감적으로는 알고 있다. 그 직감을 좇아가보자. 한순간이나마 걸음을 멈추고 정적에 몸을 맡겨보자.

| **침묵훈련** |

퇴근 후나 주말에 조용한 방에서 모든 기계를 꺼보자. 끄고 나서는 아무것도 하지 마라. 아마 생각보다 힘들 것이다.

자기 자신과
대화하는 법

사방이 정적에 휩싸이면 보통은 불쾌하고 당황스러운 일들, 귀찮고 성가신 일들이 먼저 떠오른다. 티베트의 승려 달라이 라마Dalai Lama조차 그렇다고 한다(실제로 그렇게 말했다).

문제는 우리가 정적에서 오는 생각을 어떻게 해야 할지 모른다는 것이다. 그래서 우리는 도망치려 하고, 불쾌한 생각들을 쫓아버리려 한다.

간단한 해결책이 있다. 바로, 마음과 대화를 나누는 것이다. 이를 '마음과의 대화'라 한다.

자신의 마음과 대화하기

마음과의 대화라니, 바쁜 현대인들에게는 이보다 어려운 일도 없을 것 같다.

세미나 참석자들은 손을 들고 이렇게 묻는다. "정적이 찾아왔을 때 나쁜 생각이 떠오르면 어떻게 해야 하나요?"

이런 질문에 많은 상담가는 '불쾌한 생각을 두 팔 벌려 환영하라'고 답한다. 그냥 인정하고 내버려두라는 말이다.

나는 이런 충고가 마음에 들지 않는다. 초보자에게는 버거울뿐더러 적절치 못한 요구이기도 하다. 나는 이때가 바로 자신과 대화를 나눌 때라고 답한다. 불쾌한 생각이 떠올랐다고 해서 그 생각들에게 "꺼져"라고 할 게 아니라 대화를 나눠보라는 것이다. 아니면 글로 써도 된다.

사라는 2년 전에 이혼했고, 그녀의 표현을 빌리자면 주기적으로 전남편에 대한 나쁜 생각에 '습격을 당하고' 있다. 그러니 고요한 상태를 두려워하는 것도 어쩌면 당연하다. 이전까지 전남편에 대한 생각은 이런 식으로 흘러갔다.

마음 : 왜 이혼했어?

사라 : 또 시작이야? 꺼져! 그 멍청한 놈은 두 번 다

시 생각하고 싶지 않아!

마음 : 하지만 이혼했어도 진짜로 남편을 보내지는 못했잖아. 그러니까 계속 머릿속에서 맴돌고 있는 거 아냐?

사라는 이 생각이 어떻게 흘러갈지 달달 외울 정도라 지겹고 괴로웠다. 그래서 전 남편 생각이 날 때마다 쇼핑하러 가거나 TV를 켰고, 그도 아니면 일에 매진했다.

그러나 사라는 도망은 힘들 뿐만 아니라 소용도 없다는 사실을 깨달았다. 그래서 생각이 떠오르면 대화를 나눠보기로 했다. 그 결과는 놀라웠다.

마음 : 왜 이혼했어?

사라 : 또 그 질문이야? 아직도 그 이유를 모른단 말이야?

마음 : 몰라. 그러니까 묻지.

사라 : 이유야 많았지. 지금도 많고……

마음 : 당연히 그렇겠지. 그런데 뭔가 앙금이 남은 거 아냐?

사라 : 무슨 앙금?

마음 : 내가 그걸 어떻게 알겠어? 그저 네 머리에, 네
가슴에 아직도 격한 감정이 남아 있다는 것만
은 알아.

사라 : 그래? 그럼 그 이야기를 한번 해볼까?

사라가 이 대화를 나눌 동안 집에 언니가 와 있었다. 우
연은 아니었다. 이 새로운 실험을 언니가 옆에 있을 때 해보
고 싶었던 것이다. 그리고 마음과의 대화를 마친 그녀는 언
니에게 사과를 했다.

사라 : 미안. 내가 너무 오래 멍때리고 있었지?

언니 : 뭐가? 1분도 안 지났는데?

사라 : 뭐? 1분밖에 안 됐어? 한 30분은 된 줄 알았는
데…….

언니 : 그래 보여. 푹 쉰 사람 같아.

사라 : 푹 쉰 것 같다고?

언니 : 웃고 있잖아. 네가 전남편을 생각하면서 웃는
거 처음 봐.

우리에게 진짜로 필요한 것은 우리 자신이다

사라에게서 이전과 달라진 것은 단 하나, 처음으로 이 문제에 대해 자신과 대화를 했다는 것뿐이다. 우리에게 필요한 것은 새 구두나 스마트폰, 큰 차가 아니다. 물론 나도 당장 그것들이 갖고 싶긴 하다. 멋진 물건을 갖는 건 좋은 일이니까. 하지만 그것들이 나를 완전하게 만들어주지는 못한다. 내게 휴식을 주지도, 나를 성장시키지도 못한다. 내가 더 나은 인간이 되도록 해주지도 못하며, 나쁜 생각을 떨쳐주지도 못한다. 이런 부분은 침묵 그리고 마음과의 대화로 채워야만 하는 것이다.

마음과의 대화는 사실 간단하다. 자신과 대화하는 것보다 쉬운 일이 어디 있겠는가? 그럼에도 그게 어렵다면 그건 그릇된 속삭임, 그릇된 교육, 그릇된 조언가들 탓이다.

머릿속에 떠오르는 모든 생각은 정상이다. 완벽주의에게 이렇게 말하라. "아직은 완벽하게 못 하지만 조금만 연습하면 잘할 수 있어." 실패의 두려움에게는 이렇게 말하라. "괜찮아. 처음부터 잘하는 사람이 어디 있어? 실수하면서 배우는 거지." 자신과 대화를 할 때는 이처럼 사람의 마음을 편하게 해주고 상대를 배려하는, 사려 깊은 대화법이 필요하다.

스스로에게 좀 더 관대해져도 좋다

우리는 자신에게조차 이해심을 갖지 못하게 되어버렸다. 이것이 우리가 자신과 소통하지 못하는 진짜 이유다. 주변 사람들에게도 몰이해로 일관하기 일쑤다. 아니, 이해를 하라고? 누구를? 사장을? 멍청한 동료직원을? 전남편을? 귀찮은 아이들을?

물론 사람이 항상 다정할 수는 없으니 주변 사람들에게 고약하게 굴 수도 있다. 하지만 항상 그렇게 굴다가는 그 공격성에 자신이 잡아먹힐지도 모른다.

자신에게 너그럽지 못하면 사는 게 피곤하다. 내 주변에는 전화벨이 한참 울린 뒤에 전화를 받으면 사과부터 하는 사람이 꽤 있다. "미안해요. 소파에 잠깐 누워 있었어요." 그게 왜 미안한가? 잠시 일을 쉬었다는 것이 사과까지 해야 할 일인가?

"돈 벌어야지! 쉬고 있으면 돈이 저절로 생겨? 입 다물고 그렇게 게을러 터져서 어떻게 해!"

세상은 이렇게 호통을 친다. 그러나 쉬고 싶다는 생각을 하고 자신에게 너그러워지면 왜 안 된단 말인가?

자신과의 대화는 내재적 동기부여의 근본이다

자신과 대화를 나누면 자신의 욕구를 발견할 수 있다. 일명 '내재적 동기Intrinsic Motivation'로, 깊은 곳에 숨은 자신의 욕구를 충족하는 것보다 더 강한 동기 유발책은 없다. 그리고 내재적인 동기부여가 되어야만 자기 자신에게 만족하고 행복해질 수 있다.

"일하기 싫어 죽겠어."

"돈 벌어야지!"

"그건 그렇지. 그래도 일은 정말 하기 싫어."

"어떻게 하면 나아질 것 같아? 조금 더 창의성을 발휘할 수 있으면 좋을 것 같은데……."

"그래? 그럼 어떻게 해야 창의성을 발휘할 수 있을까?"

"뭐? 해도 되는 거야?"

"당연하지. 누가 금지시켰어? 일만 잘하면 되는 거지. 한번 해봐!"

이렇게 스스로 동기부여를 하는 것이다. 처음에는 쉽지 않겠지만, 머릿속에 떠오르는 생각에 관심을 가져보자. 그 생각이 뭐라고 했는가? 그 생각 이면에는 어떤 관심과 동기, 의도가 숨어 있는가?

스스로가 한심한 사람이라는 생각이 들 때면 이렇게 마음을 다독여보자. "넌 네가 한심하다고 생각하는구나? 그래, 이해할 수 있어." 그러고 나면 자신에게 좀 더 관대해질 수 있을 것이다.

'나쁜 생각'이란 없다

나쁜 생각은 없다는 건 일종의 원칙이다. 우리의 생각에 나쁜 의도가 있다고 가정하면 애초에 마음과의 대화에서 긍정적인 결과가 나올 수 없기 때문이다. 스스로가 쓸모없고 멍청한 인간이라는 결론이 무슨 소용이겠는가?

더욱이 스스로가 한심하다는 생각은 진화론적으로 보아도 틀렸다. 인간은 이기적인 동물이라 득이 되지 않는 일은 하지 않는다고 한다. 그렇지 않다면 인간은 진화의 벽을 넘지 못했을 것이다. 진화는 무익한 행동을 4만 년이나 참아주지 않았을 테니 말이다. 그러니 당신이 하는 모든 생각은 불쾌한 듯 보여도 다 당신에게 득이 되는 점이 있다.

자신과의 관계가 원만해야
타인과의 관계도
만족스럽다

소크라테스가 말했다. "너 자신을 알라." 하지만 자기 자신에게 냉혹하게 굴거나 스스로 생트집을 잡지는 말자. 이상하게도 그렇게 하라고 권하는 상담가가 적지 않지만 말이다.

스스로에게 냉혹하지 말자

마르크가 나를 찾아와 여자친구가 6주 예정으로 뉴욕에 갔는데 이틀 동안 전화를 안 해서 몹시 불안했다고 털어놓았다. 이틀째 되는 날 겨우 전화가 왔는데 한밤중이었다. "그때는 정말 화가 났어요. 대놓고 나를 무시하더니 침대에 누운 후에야 전화를 하다니요. 그런데 한 세미나에 가서 이 이야기를 했더니 이렇게 생각해보라고 하더라고요. 정말 그녀가 나를 무시한 걸까? 결국 전화를 했잖아! 그러니 나를 무시한 게 아니야." 나는 조심스레 물었다. "그녀가 오늘도 내일도 전화를 안 하면 어떨 것 같아요?" 그는 1초 정도 세미나에서 들었다는 대로 생각을 바꾸려 애쓰는 표정이 역력했다. 하지만 결국 감정을 주체하지 못하고 이렇게 소리쳤다. "빌어먹을! 지금까지 한 번도 떨어져 지낸 적이 없어요! 매일 몇 시간씩 이야기를 주고받았다고요. 이야기할 상대가 필요해요. 그녀가 없으니 죽겠어요."

겁에 질려 우는 4살짜리 꼬마에게 "아가야, 세상에 귀신은 없단다"라고 말해봐라. 당연히도 아이는 계속 울 것이다. 겁은 실제다. 아이는 두려움을 느끼고 있다. 이런 두려움을 이성적인 설명으로 쫓아버릴 수는 없다. 그게 그렇게 간단하다면 누구도 불쾌함을 느낄 이유가 없다. 이성과 감정을 구분해야 한다.

자신의 감정을 존중하고 그 감정에 이해심을 보여라. 논리적인 설명으로 감정을 쫓아내려 하지 말고 그 감정이 무엇을 할 수 있을지 생각해보라.

그렇게 말하자 마르크가 고개를 끄덕였다. "이제 전화를 기다리고만 있지는 않을 거예요. 괜찮을 거라고 나 자신을 설득하지도 않을 거고요. 필요하면 제가 먼저 그녀에게 전화할 생각입니다. 그리고 그녀가 통화하기 어렵다면 저는 대화할 다른 상대를 찾으면 되겠지요." 그것이 그의 욕망이자 당연한 권리다. 자기 존중은 자신의 욕망을 존중할 때 시작된다. 우리가 하지 않는다면 누가 우리의 욕망을 존중해줄 것인가? 자신의 욕망을 깨달아라. 그리고 자신에게 관심을 기울여라.

그런데도 우리는 어째서 자신을 무시할까?

이런 질문을 던지면 대부분은 '글쎄?'라고 반문한다. 사실 우리 사회는 자신을 생각하고 자신에게 공감하는 것을 이기적인 행동이라고 가르쳐왔다. 그래서 자신을 먼저 생각하는 것은 금기시되어왔다. 우리는 일을 하고, 타인을 배려하며, 부모를 공경하고, 멍청한 질문을 하지 말아야 한다. 자기 자신에게 신경을 써서는 안 된다. 그게 사회가 강요한 우리의 삶이다.

한 심리치료사는 가끔 환자들에게 50유로짜리 지폐를 손에 쥐어주면서 이 돈을 무조건 다 쓰고 오라고 시킨다고 한다. "유익한 게 아니라 당신 마음에 드는 걸 사세요. 직장에 필요한 비품이나 가족들을 위한 물건은 안 됩니다. 당신에게 기쁨을 주는 것만 사야 합니다. 아무짝에 쓸모없는 물건이라도 상관 없어요. 자, 30분 시간을 드릴게요."

돈을 무의미하게 쓰라니! 게다가 돈을 더 쓰고 와도 야단은커녕 칭찬을 듣는다니! 그러나 놀랍게도 대부분의 환자들은 쭈뼛거리며 병원으로 돌아온다고 한다. 50유로짜리 지폐를 그대로 든 채⋯⋯. "아무 생각도 안 나요. 뭘 사야 할지 모르겠어요. 나의 욕망은 어디로 갔나요?"

환자들이 진짜로 하고 싶은 말은 이것이다. "나는 어디로 갔나요?" 그들의 '나'는 실종됐다. 죽은 것과 마찬가지다. 적어도 마음은 죽은 것과 다름없다.

욕망을 잃어버리면 자신을 잃는다. 정체성을, 영혼을 잃는다. 그것이 우리가 정적을 피해 도망 다닌 대가다. 우리는 자신을 잃었다. 그리고 그 사실조차 자각하지 못한다. 우리가 아는 건 그저 너무 바쁘고 정신이 없다는 것, 스트레스가 심하고 온 세상이 불만스럽다는 것뿐이다. 그래서 월급이 오르면, 더 괜찮은 배우자를 만나면, 애들이 말을 더 잘 들으면, 새 집을 사면 더 행복해질 것이라 믿는다. 그러느라 자신을 잃어버렸건만, 점점 더 악순환으로 빠져드는 것이다.

애당초 '세상'이란 없다. 당신이 있는 곳이 세상이고 당신이 곧 세상이다. 당신이 자신을 발견했다면 말이다.

자신을 찾는 것은 고고학적 발견 같은 일회성 사건이 아니다. 하루에도 몇 번씩 자기 자신을 찾아야 한다. 너무 오래 자신과 떨어져 시끄러운 세상에서 살아가다보면 어느 순간 자신의 원래 감정을, 다음으로는 자기 자신을 잃게 된다. 정체성의 핵심은 '인지'가 아닌 '정서'다. 우리는 행복을 '느낀'다. 행복은 논리적인 이성이 아니라 감정이다.

갓 태어난 아기를 가슴에 안고 있으면 당신은 온전히 자신이 된다. 그리고 고요하다. 자장가를 부르는 동안에도 당신의 마음은 고요하다. 그 순간, 세상은 멈춘다. 존재하지 않는다. 세상은 이성이 구성한 산물이다. 그러나 사랑스런 아기를 안거나 저무는 노을의 온기를 느끼거나 좋은 차의 향을 느끼는 그 순간, 당신은 온전히 자신이 된다. 고요와, 그리고 세상과 하나가 된다.

자신과의 관계가 원만해야 타인과의 관계도 만족스럽다

한 상담가 부부는 이렇게 말했다. "자신을 잘 알고 자신의 말에 귀를 기울이고 자신의 욕망을 파악할 줄 아는 사람들이야말로 부부 관계를 원만하게 유지할 수 있습니다. 자신과 파트너 모두 행복한 가정을 꾸려갈 줄 알거든요. 그게 다 자신과의 관계가 원만하고 자신에게 만족하기 때문입니다."

덧붙이자면, 서로가 없어도 잘살 수 있는 사람들이야말로 부부 관계가 행복하고 오래간다는 연구 결과가 많다. 하지만 심리학자 중에도 이런 연구 결과를 모르는 사람이 많다.

『로미오와 줄리엣』부터 시작해 비욘세 같은 가수들의 노래 가사에 이르기까지, 세상은 낭만적인 로맨스로 우리의 관계를 이상화한다. 너 없으면 못 살아, 너는 나의 모든 것, 네가 없으면 나도 없어, 네가 가면 내 사랑도 끝나. 그런데 이게 낭만적인가? 아니, 이건 병이다. 상대에게 목을 매는 이런 관계는 중독이요, 종속이며 유아적인 의존증이다.

물론 나도 멋진 이성을 보면 마음이 흔들린다. 하지만 상대가 나를 향해 웃어주지 않는다고 해서 술을 퍼마시거나 하지는 않는다. 내가 한심하게 느껴지지도, 못나 보이지도 않는다.

아, 물론 내가 매력이 없어서일 수도 있다. 하지만 그럴 때도 나는 자신에게 이렇게 말한다. "너를 봐. 넌 충분히 예뻐. 카리스마도 있고, 능력도 있어. 그리고 건강해. 누군가에게 목맬 필요가 없어!"

내 자존감은 결국 내 몫이고, 나를 제일 잘 아는 사람은 나이며, 나를 가장 존중하고 높이 평가할 수 있는 사람도 나 자신이다.

당신의 자존감을 다른 사람 손에 맡길 생각인가?

나의 자존감이 다른 사람에게 달려 있다고 쳐보자. 상사의 인정, 동료들의 존경, 아이들의 순종 등. 그 순간, 나는 종속적인 인간이 된다. 상사가 나를 다정하게 대하면 하루가 행복할 테지만, 반대로 상사의 기분이 엉망이면 그날은 지옥과 같을 것이다. 더 이상 인간이 아니라 숙주의 상태에 따라 살고 죽는 기생물이 되는 셈이다.

하지만 나는 태어날 때부터 자유 의지가 있고 자아를 실현해야 할 운명을 타고난 인간이다. 그러므로 나는 독립적이다. 상사가 나를 칭찬하면 기분이 좋을 수는 있지만, 그렇지 않아도 잘살 수 있다. 내가 나를 칭찬할 수 있으니까.

마음속 목소리를
먼저 들어라

스트레스가 매우 심할 때 사람들은 이렇게 말한다. "빨리 퇴근 시간이 됐으면 좋겠어." 그리고 주말이나 휴가, 퇴직날을 손꼽아 기다린다. 그들에게 묻고 싶다. 왜 그렇게 오랫동안 기다리나요?

의료보험공단에서 나누어준 '스트레스 방지법'을 읽고 어이가 없어서 웃었던 적이 있다. "상사에게 스트레스를 받은 날에는 퇴근 후 요가를 하러 가라." 이게 그들이 말하는 스트레스 해소였다. 말도 안 되는 소리! 스트레스 해소란 스트레스가 생겼을 때 즉시 푸는 것이다. 출근하자마자 상사가 화를 냈다면 퇴근해서 요가를 할 때까지 무려 9시간 이상 스트레스 호르몬이 내 혈관을 타고 돈다는 말이다. 스트레스 해소가 가장 필요한 때는 언제이겠는가? 저녁 8시? 아니, 상사가 화를 내는 바로 그 순간이다.

바쁠수록 느긋하게

그렇다고 눈을 감고 열까지 세는 건 구식이다. 더구나 그 방법은 통하지도 않는다. 한번 시험해봐라.

대신 척추를 곧게 펴고 숨을 깊게 들이마시면서 계속 마음과 대화를 나눠보자. 스트레스는 마음과의 대화를 끊어버린다. 120데시벨의 미친 독백만 난무한다. 생각이 미쳐 날뛴다. 그때는 이런 생각들에 대답하면서 독백을 자제시켜야 한다.

"저 따위로 말하다니, 미친 거 아냐? 기가 막혀서! 기분 진짜 엿 같네!"

"맞아, 진짜 화나겠다. 그런데 왜 그렇게 스트레스를 받아? 왜 사장에게 네 감정이 휘둘리는 거야?"

"아니, 사장이 말하는 거 못 들었어? 너무 야비하잖아!"

"그래? 그럼 트럼프가 너에게 일 못한다고 야단쳤어도 지금처럼 화가 날까?"

"뭐? 그건 아니지. 트럼프가 나랑 무슨 상관이 있어?"

"그럼 사장은 너랑 무슨 상관이 있는데?"

"나한테 월급을 주잖아."

"그럼 앞으로는 월급을 안 줄 것 같아?"

"설마 내가 과민 반응한다고 생각하는 거야?"

"어쩌면 그럴 수도 있지."

"아니, 그런데 아까 사장은 진짜 야비했잖아."

"맞아, 야비했지. 네가 화내는 거 충분히 이해해. 하지만 그렇다고 사장이 네 목숨을 위협했던 것도 아니잖아."

"아, 그건 그렇지. 생각해보니 내가 너무 과민 반응을 하긴 했네."

물론 스트레스 상황에서 마음과 이렇게 차분히 대화를 나누기란 힘든 일이다. 하지만 불가능한 일도 아니고, 반복하다보면 그리 어려운 일도 아니다. 그리고 이것만으로도 스트레스가 꽤 풀리고 마음이 편안해진다. 관심이 스트레스 상황 자체에서 대화 속에 등장하는 '여러 명의 나'를 파악하고 확인하고 정리하는 데 쏠리기 때문이다.

"해마다 똑같아요. 휴가 계획을 잡다가 싸우지요. 남편은 바다로 가자고 하는데 저는 산으로 가고 싶어요. 내 안에 있는 얌전한 아내는 남편과 싸우고 싶어 하지 않지만 또 다른 나는 자꾸 다른 걸 해보자고 꼬드기거든요. 그런데 또 내 안에 있는 게으름뱅이는 차 막히고 피곤하니 그냥 집에서 뒹굴뒹굴하면서 맛있는 거나 해먹자고 우기죠."

이렇게 말하는 사람이 미친 걸까? 아니, 사실은 그 반대다. '미쳤다'는 건 자신에게서 멀어졌다는 의미이고, 우리가 인격의 여러 부분을 무시하거나 내면의 여러 목소리를 일일이 확인하지 못할 때 나타나는 현상이다. 그럴 때 우리는 스트레스 때문에 미쳐서 이런 말을 쏟아낸다. "남편을 따라 바다로 갈까 싶다가도 갑자기 바다가 너무너무 싫어져요. 어떻게 하면 좋죠?" 이봐요, 남편은 둘째 치고 일단 자기 자신과 이야기를 나누어봐요.

조곤조곤.

운동으로
마음의 평온을
얻는 방법

아침에 조깅을 하다가 스마트폰을 보며 달리는 사람들을 보면 슬픔이 밀려든다. 조깅을 하는 동안에도 조용한 상태를 못 참다니! 불쌍한 사람들……. 그들은 자신이 얼마나 많은 것을 잃고 있는지 과연 알까?

나는 달리거나 산책을 할 때는 아무것도 듣거나 보지 않는다. 그래야 생각이 정리되고 마음이 차분해지고 스트레스가 사라지고 머리가 맑아진다.

운동을 하면 마음에 고요가 깃들고 그 안에서 자신을 발견할 수 있다. 그리고 이런 효과를 볼 수 있는 운동은 사람마다 다르다. 조깅이나 산책, 등산을 할 때는 생각이 꼬리에

꼬리를 물고 이어져 머리가 터질 것 같은데 축구나 테니스를 하면 생각이 멈추고 마음이 편해진다는 사람들도 있다. 조기축구회 회원 중에는 이런 이유로 축구를 하는 사람도 있을 것이다. 건강을 생각해서라면 나이 지긋한 아저씨에게 축구는 그리 유익한 운동이 아닐 테니까. 대신 생각이 정리되고 스트레스와 근심이 사라지는 것만으로도 그들에게는 큰 도움이 될 것이다.

근육으로 영혼을 달랜다고?

프랑스 물리치료사 다니스 보이스는 운동 치료로 의학계에 센세이션을 일으켰다. 단순히 '팔 돌리기'만으로 번아웃 직전의 한 대기업 이사를 '치료'한 것이다.

농담이 아니다. 불안한 마음은 외부의 동작으로 전이되어 근육을 긴장시킨다. 그래서 자신을 잃어버린 사람들은 허둥대고 잔뜩 긴장을 한다. 보이스는 이 근육의 만성적 긴장을 풀어줌으로써 사람들이 자연스러운 움직임을 찾고 나아가 자기 자신을 되찾도록 도운 것이다. 인간은 그런 존재다. 몸은 마음의 거울이고, 마음은 몸의 거울이다.

이런 주장을 하는 사람은 다니스 보이스만이 아니다. 모세 휄든크라이스Moshé Feldenkrais는 이미 수십 년 전부터 운동이 마음에 미치는 영향을 설파했다. 요즘에는 명상 걷기와 달리기 프로그램도 유행이다.

마음의 평온은 쇼핑보다 아름답다

나도 얼마 전 침묵 세미나에 참석했다가 동작의 효과를 직접 경험한 바 있다. 강사가 우리에게 일어나서 천천히 방을 걸으며 자신의 동작 하나하나를 느껴보라고 했다. 처음에는 이게 뭐하는 짓인가 싶었다. 지금 와서 생각해보면 그것 역시 내 마음을 어지럽히는 소음이었다. 그러다가 문득내가 모든 동작을 느끼기에는 너무 빨리 걷고 있음을 깨달았다. 그래서 걸음을 늦추었다. 달 위를 걷는 우주비행사처럼 천천히 걸었다. 하지만 그래도 여전히 빠른 것 같았다. 한 시간에 한 걸음씩 옮긴다 해도 신체의 모든 동작을 다 느끼고 음미할 수는 없을 것 같다는 생각이 들었다.

그리고 어느 순간, 내가 상당히 오랜 시간 아무 생각도 하지 않았음을 깨닫게 됐다. 단순히 생각을 멈춘 상태를 넘어 온몸과 마음이 존재의 중심을 향해 집중했다. 너무도 편안했고, 그 상태를 오래오래 유지하고 싶었다. 그렇게 편안하면서도 활기에 넘쳤다. 또 얼마나 많은 것을 느꼈는지, 얼마나 신이 났는지 모른다. 그 순간 정말이지 쇼핑할 때보다도 더 신이 나고 생기가 돌았다.

그날 이후 나는 가끔 움직임을 늦춤으로써 생각을 멈춰본다. 특히 너무 바빠서 정신이 없을 때, 나 자신을 잃어버린 것 같을 때 슬로비디오처럼 움직임을 늦춘다. 아주 천천히 마우스를 잡고, 또 느릿느릿 볼펜을 쥐고 파일을 연다. 너무 소소한 행동들이라 주위에서는 아무도 나의 행위를 알아차리지 못하지만, 당장 효과가 나타난다. 먼저 몸이 편해지고, 이어서 정신이 편해진다. 고요가 찾아온다. 인간 존재의 원초적 힘을 숨긴 고요가.

바로 이게 중요한 것이다. 우리는 평온과 고요의 한가운데로 걸어 들어가야 한다.

침묵수업 4

모든 소음 끊어보기

- 고요가 두렵더라도 가끔은 의도적으로 고요한 환경을 찾아야 한다.

- 고요 속에서만 삶에서 가장 중요한 사람을 만나게 된다. 바로 자기 자신 말이다.

- 자신을 찾는 가장 빠른 길은 마음과 대화를 나누는 것이다. 그 대화는 정적에 대한 두려움을 없애준다.

- 자신의 내면에 관심을 가지고 자신을 존중하는 대화를 연습해보자. 그것만으로도 정말 놀라운 변화가 생긴다.

5장

"말을 해야 해"
라는 강박에서
벗어나라

"당신도 싫지 않아,
이 어색한 침묵이?"
- 영화 〈펄프 픽션〉에서
우마 서먼이 존 트라볼타에게

Schweigen

당신도 싫지 않아,
이 어색한 침묵이?

윗집 아줌마와 단둘이 있는 엘리베이터 안, 오랜만에 만난 초등학교 동창, 미팅 시작 직전의 서먹한 분위기, 아이 손을 잡고 간 마트에서 우연히 마주친 아이 친구와 그 엄마……. 이런 난감한 순간은 끝도 없이 많다. 오로지 어색한 침묵을 피하기 위해 주섬주섬 말을 늘어놓는 상황들. 이런 상황에서 말은 정보 전달의 도구가 아니라 그저 고문 같은 정적을 깨뜨리기 위한 소음일 뿐이다.

도대체 우리는 왜 하루 8시간 동안 귀가 따갑게 들려오는 헛소리보다 침묵을 더 난감하게 느끼는 걸까? 어린아이도 아니고, 나이를 먹을 만큼 먹고도 이러다니, 정말 도대체 왜?

침묵이 알려주는 것들

우리가 정적을 난감하게 느끼는 이유는 정적 자체가 두려워서가 아니라 조용할 때 찾아오는 생각이 두렵기 때문이다.

수잔은 아침에 남편과 말없이 밥을 먹으면서 난감한 침묵의 상황을 깨달음의 계기로 삼았다.

'남편이 말없이 식탁에 앉아 있으면 왜 견딜 수가 없지? 남편은 이제 날 사랑하지 않는 걸까? 아니면 내 열등 감 때문일까? 결혼한 지 20년이 지났고 직장에서도 잘나가는데 왜 나는 이렇게 열등감이 심할까? 그리고 내 열등감을 왜 남편이 치료해주기를 바라는 걸까? 내가 하면 되는데……. 안 되더라도 시험해볼 수는 있잖아. 남편은 별생각 없이 조용히 있는 건데 내가 오버하는 걸지도 몰라. 그러고 보니 남편이 조용히 있어도 괜찮을 때가 있어. 생각해보면 내가 컨디션이 안 좋을 때만 기분이 나빴어. 그런데 남편은 정말 이렇게 가만히 마주 앉아 있어도 어색하거나 불편하지 않은 걸까? 어쩌면 남자들은 원래 그런 건지도 모르지.'

이런 깨달음을 얻은 후로 수잔은 식탁에서 남편과 말없이 마주 앉아 있어도 전혀 어색하지 않다고 했다. 이야깃거리를 찾으려고 에너지를 낭비하지도 않았다. 물론 수잔은 똑똑하고 정신적으로 성숙하며 자기성찰에 뛰어난 여성이다. 그래서 이런 깨달음도 얻을 수 있었던 것이다.

하지만 이 모두는 식탁의 정적이 가져온 결과물이다. 만약 수잔이 억지로 정적을 깼다면 어떤 부작용이 있었을까?

수잔 : 왜 입 다물고 있어? 사랑이 식은 거야?
남편 : 하아, 집에서조차 단 5분도 가만히 있을 수가 없는 거야? 그냥 일 생각 좀 했어.
수잔 : 또 그놈의 일 타령. 둘이 도란도란 대화하면서 즐겁게 식사하면 오죽 좋아? 밥 먹는 시간에도 꼭 일 생각을 해야겠어? 나한테는 관심도 없지? 당신은 어떻게 당신 생각만 해?

상상할 수 있는 최악의 상황이지만, 실제로 많은 부부의 저녁 식탁에서 일어나고 있는 일이기도 하다. 그러니 결혼생활이 오래될수록 부부가 더 열정적으로 입을 다무는 것도 이해가 된다. 입을 다물면 적어도 싸움은 피할 수 있으니까.

이런 부부에게는 부부심리 치료사나 소통전문가들이 '문제'라고 진단하는 '침묵'이 오히려 축복일지도 모른다. 물론 관계는 소통을 필요로 한다. 하지만 싸우지 않고 소통할 능력이 없다면 침묵하는 편이 낫다. 말이 오히려 침묵보다 상황을 곤란하게 만들기도 하니까.

| 침묵훈련 |

정적이 이어지면 어째서 난감한가? 그럴 때 어떤 기분이 드는가? 어떤 상상을 하기에 그런 기분이 드는가? 상대의 생각과 의도는 무엇이라고 생각하는가?

다른 사람을
즐겁게 해줘야
한다는 의무감을
버려라

사람들이 침묵의 빈자리를 메우는 모습을 지켜보노라면, 그들에게 소통이란 자신을 보여주는 무대가 아닐까 싶다. 그러니 침묵은 곧 무의미로의 추락이고, 연출을 할 수 없다면 나는 존재하지 않는 것이 된다.

아이와 쉴 새 없이 말을 하는 아버지는 무의식적으로 '아이와 대화하지 않으면 나쁜 아빠야!'라고 생각할지도 모른다. 정말이지 비극적인 생각이다. 생각해보자. 아이에게 생일 때마다 비싼 선물을 사주고 쉬지 않고 말을 걸면 좋은 아빠인가? 그러는 대신 아이를 따뜻하게 안아주고 아이의 이야기에 귀를 기울이고 그 이야기를 귀담아 듣는 아빠가 진정으로 좋은 아빠이지 않을까?

재미있어야 한다는 부담을 버려라

침묵을 두려워하는 또 다른 이유는 다른 사람들을 즐겁게 해줘야 한다는 의무감 때문이다. 특히 집에 손님을 초대한 집주인은 이런 의무감을 크게 느낀다. 물론 사람들을 불러놓고 말없이 얼굴만 쳐다보고 있을 수는 없을 것이다.

하지만 너무 큰 부담을 갖지는 말자. 우리는 엔터테이너가 아니니까. 더구나 조용히 밥을 먹는 편을 더 선호하는 사람이 많다는 것을 감안한다면 더더욱 이런 부담감을 내려놓을 필요가 있다.

자기, 무슨 생각해?

여자들은 남편이나 남자친구가 침묵하면 이를 다른 신호로 받아들이고 끝없이 고민하고 불안해한다. 그래서 여자들이 "자기, 무슨 생각해?"라는 질문을 그렇게 많이 던지는 것이다. 그리고 내가 알기로 남자들은 이런 상황을 정말 부담스러워한다.

물론 여자들이 침묵을 못 견디는 데에 남자들의 책임이 전혀 없다고 할 수 없다. 남자들이 1장에서 언급한 '말과 침묵의 균형'을 제대로 잡지 못한 탓이기도 하니까. 만약 적절하게 여자친구 또는 아내에게 자신의 사랑과 관심을 확인

시켜줬다면 그토록 피하고 싶은 이 질문은 애초에 나오지 않았을 것이고, 나온다 해도 두려워할 이유가 없을 것이다.

하지만 내 남자친구 또는 남편이 그런 남자가 아니라면 이 질문은 삼가는 편이 좋다. 차라리 직접적으로 말하자. "지금 자기가 아무 말도 안 해서 좀 답답해. 혹시 무슨 일 있어?" 그럼 상대도 자신이 침묵했던 이유를 차분히 설명해줄 것이다. 이쪽이 훨씬 지적인 소통이다.

타인은 당신에게
큰 관심이 없다

잡담을 '잘'하는 사람은 의외로 많지 않다. 잡담을 할 줄 몰라 나에게 상담을 하러 오는 사람이 얼마나 많은지를 안다면 다들 깜짝 놀랄 것이다. 특히 경영자들이 이 문제로 괴로워한다.

"말을 해야 해!"

다들 신이 나서 떠들어대고 있는데 혼자 멀뚱히 서서 소외감에 몸을 떤다. 머릿속이 요동친다. '그렇게 꿔다놓은 보릿자루처럼 있지 말고 가서 껴! 다들 너를 뭐라고 생각하겠어?' 두려움은 이해하지만 그렇다고 지레 겁먹고 억지로 끼어들려 하지 마라. 언젠가 틀림없이 당신이 끼어들 수 있는 시점이 찾아온다.

친한 물리학자가 학회에 갔을 때의 이야기를 들려주었다. 한 번도 가본 적 없는 곳이라며 아내도 관광할 겸 따라갔다. 아내는 저녁 환영회 자리에도 용감하게 따라나섰지만 이내 후회할 수밖에 없었다. 컴퓨터광, IT 전문가들, 물리학자들이 모여 프랙털, 쿼크, 장이론이 어쩌고 하면서 떠들어대는 자리였던 것이다. 아내는 20분 동안 멀뚱히 서 있으면서 자신을 멍청하고 한심한 사람이라고 생각했다.

그러던 찰나, 어떤 학자가 실험 과정을 세탁물과 비교했다. "집어내는 횟수는 상관없어. 아무리 반복해도 짝짝이 양말만 꺼낼 테니까." 물리학자의 아내가 자기도 모르게 웃음을 터트렸다.

설명 중이던 학자가 그녀에게 핵 연구 관련 일을 하냐고 물었다. 그녀가 대답했다. "아니요, 핵 연구실 근처에도 못 가봤어요. 그냥 선생님 비유가 너무 구체적이고 재미있어서요. 물리학이 생각보다 재미있는 학문인 것 같아요." 이 천진하고 솔직한 한마디로 충분했다. 그녀에게만 난감하던 20분의 침묵은 깨졌다. 모두가 그녀의 발언에 호감을 보였기 때문이다. 동시에 그 자리에 있던 물리학자들은 갑자기 정신이 번쩍 들었다. 자신들도 아마추어 방문객이 알아들을 수 있을 만큼 쉽고 재미있게 이론을 설명할 수 있음을 입증해 보이고 싶었던 것이다.

"즐거운 밤이었어요. 내가 아니라 아내가 대화의 중심이 되는 바람에 좀 씁쓸하면서도, 물리학자들과 대화를 나누는 아내가 자랑스러웠거든요."

강연장에서의 대처법

프레젠테이션이나 강연, 발표 자리에서라면 침묵이 특히 괴로울 것이다. 누군가 당신에게 답할 수 없는 질문을 던지면 당신은 크게 당황할 것이다. '어쩌지? 아무 생각도 안나!' 이런 경우라면 그냥 우물쭈물하고 있는 것보다 정해진 몇 가지 솔직하고 간단한, 그러면서도 직설적인 말로 대처하는 편이 좋다.

- "좋은 질문입니다만, 지금은 답변이 준비가 안 되어 있군요. 자료를 보충해서 내일 찾아뵙겠습니다. 그럼 계속 살펴볼까요?"
- "제 생각에는 우리 주제와 맞지 않는 질문인 것 같군요. 원하신다면 따로 답변을 드리겠습니다."
- "질문하신 의도는 알겠지만 짧은 시간 안에 다룰

수 있는 주제는 아닌 것 같네요. 죄송하지만 다음 질문으로 넘어 가겠습니다."

- "좋은 질문입니다. 혹시 그 문제에 대해 생각해두신 것이 있다면 먼저 한번 들어볼까요?"
- "좋은 질문 감사드립니다. 저도 프레젠테이션 준비하면서 같은 의문이 들어서 여기저기 찾아봤지만 아직 만족할 만한 답을 찾지 못했습니다. 앞으로 같이 찾아보면 어떨까요?"

아마 알아차렸을 것이다. 어색한 침묵의 상황에서는 말의 내용보다 말하는 방식이 중요하다는 것을 말이다. 당당하게 말하는 것, 자신의 능력을 굳게 믿는 것이 중요하다.

좋은 대화를
시작하는 법

침묵을 견딜 수 없다면 적어도 그 침묵의 빈 공간을 지적인 방식으로 채우기라도 해야 한다. 당당하게, 솔직하게, 재치 있게.

주제는 상관없다. 날씨 이야기도 괜찮다. 물론 "오늘 날씨 좋죠?"처럼 성의 없고 의례적인 인사보다 조금 더 창의력을 발휘해보는 것이 좋다.

한번은 햇살 좋은 날 지인과 시내를 어슬렁거렸다. 몇 분 정도 말없이 생각에 잠겨 걸었는데, 문득 그가 이 침묵이 거슬렸는지 이런 말을 던졌다. "난 날씨 좋은 날이 싫어요. 왠지 밖으로 나가야 할 것 같은 의무감이 들거든요. 컴퓨터 앞에 앉아 있는 게 더 좋은데 말이에요." 나는 그의 재치 있는 고백에 웃음을 터트렸다. 덕분에 침묵이 깨졌고, 우리는 햇살 좋은 날에는 무엇을 하는지 수다를 떨었다.

침묵을 메우려고 농담을 꺼내는 사람도 많은데, 여기에는 위험성이 있다. 농담이 재미없으면 더욱 난감해지기 때문이다. 그럴 바에는 차라리 서로가 같이 아는 사람의 안부를 묻는 것을 권한다. "XX는 요새 어떻게 지낸대?" 그럼 상대가 대답을 할 것이고, 자연스레 대화를 그 지인 이야기로 끌어갈 수 있다. 물론 이때 '뒷담화'가 되지 않도록 주의해야 한다.

'진짜 관심'을 보이면 좋은 대화가 이어진다

한번은 사업 파트너와 기차를 타고 가다가 잠시 침묵이 이어지자 그가 물었다. "전부터 궁금했는데, 뜬금없이 들릴지 몰라도 물어볼게요. 애들 키우면서 일하는 거 안 힘들어요? 어떻게 둘 다 그렇게 잘할 수 있어요?" 질문 자체는 수도 없이 들어온 의례적인 인사와 다르지 않았지만, 그 표정에서 상대가 진심으로 궁금해한다는 것이 느껴졌다. 그 진심에 내 마음도 움직였으니, 기차를 타고 가는 내내 대화의 꽃이 활짝 피었음은 물론이다. 진짜 관심은 언제나 최고의 소통수단이다. 침묵을 견딜 수 없는 이유도 침묵 자체보다는 자신이 타인에 대해 전혀 관심이 없다는 사실을 인정하기가 힘들기 때문이다. 그래서 그런 불편한 생각을 떨치기 위해 쉬지 않고 떠들어대는 사람이 많은 것이다.

그런 의미에서 "요즘 어때? 괜찮아?"야말로 침묵에 대응하는 가장 효과적이면서도 가장 어려운 질문이다. 이런 질문에는 진짜 관심이 필요하기 때문이다. 만약 상대가 "좋아, 너는?"이라는 의례적인 대답을 해온다면 그 자리는 형식적인 수다로 끝내도 좋다. 하지만 대부분의 사람들은 이런 질문을 근심과 고민을 털어놓을 계기로 삼고 싶어 한다.

힘든 하루를 보내고 직원과 함께 기차를 타고 돌아가는 길이었다. 그날따라 세미나가 무척 힘들었던 터라 파김치가 됐고, 대화를 나눌 힘도 없었다. 그렇다고 둘이서 200킬로미터를 나란히 앉아서 가야 하는데 입을 꾹 다물고 있을 수도 없는 일이었다.

나는 이 딜레마를 해결할 방법을 고민한 끝에 이렇게 말했다. "가는 동안 재미있게 이야기를 나누면 좋겠지만 오늘은 완전히 방전됐어요. 내가 입 다물고 가만히 있더라도 화내지 말아요." 그러자 직원은 한숨을 내쉬며 말했다. "다행이네요. 저도 너무 힘들어서 자꾸 말 거시면 어쩌나 속으로 걱정하고 있었거든요."

물론 우리 사례처럼 항상 두 사람의 마음이 딱 맞아떨어질 수는 없다. 그렇다 해도 이런 솔직한 고백은 생각보다 잘 통한다. 사람들은 생각보다 이해심이 많다. 그러니 '난감한 침묵'이란 사실 진짜라기보다는 두려움에서 생겨난 허구 같은 것이다.

식탁 앞에서 말없는 남편 때문에 속상하다는 여성들을 만나면 나는 축구나 경제, 정치처럼 남편이 관심을 보이는 주제에 대해 이야기를 나누어보라고 조언한다. 하지만 그 조언에 많은 여성들이 이렇게 대답한다. "축구는 재미없어요." 그럼 남자들도 이렇게 말할 수 있지 않을까? "드라마에 관심 없어요."

남편이 말 안 한다고 투덜거리면서 정작 자신은 그 문제를 해결하기 위해 아무것도 하지 않고 그저 상대가 침묵을 깨주기만을 기다린다. 왕자의 키스를 기다리는 공주처럼. '내가 뭘 할 수 있겠어? 그가 좋아하는 것이 무엇인지, 한 인간으로서 그가 어떤 사람인지는 내 관심의 대상이 아니야. 그건 내 담당이 아니라고! 그는 그저 내 소망을 채워주는 사람일 뿐이야.' 난감한 침묵 뒤에 이런 그릇된 생각이 숨어 있다니, 놀랍지 않은가?

수동적인 사람들만이 침묵을 난감하게 생각한다. 적극적이고 세상과 대화 상대에게 관심이 있는 사람이라면 침묵을 전혀 문제로 느끼지 않는다는 사실을 명심하자.

침묵수업 5

난감한 침묵 적극적으로 맞이하기

───────

- 침묵의 순간이 어색하다면 어떤 이유로 그렇게 느끼는지 자신에게 물어보자. 상상 이상으로 마음이 편안해질 것이다.

- 끼어들기 힘든 자리에서는 억지로 끼어들려고 하지 마라. 그냥 조용히 당신이 아는 주제가 나올 때까지 기다려라.

- 난감하게 느껴지는 침묵의 순간이 찾아왔다고 해서 아무 말이나 하지 말자. 미사여구 없는 정직과 재치로 지적인 대응이 필요하다.

6장

대화를
유리하게
이끄는 법

"침묵한 것에 대해선 한 번쯤 후회할 수 있지만,
자신이 말한 것에 대해서는 자주 후회할 것이다."

- 이안 가비롤, 유대교 철학자·시인

Schweigen

즉답은
절대 금물!

"돈 많이 벌어요? 일하는 만큼의 월급을 받고 있다고 생각하세요? 사장님은 마음에 들어요?"

이런 질문을 받았다면 아마 자동적으로 대답이 튀어나올 것이다. 실제로 대부분 질문을 받으면 반사적으로 대답을 한다. 사실 그게 당연하기도 하다.

이렇게 생각 없이 던지는 대답은 일종의 조건반사다. 그런데 조건반사로 나온 대답은 대부분 부정적이다. 자기 뺨을 후려치고 싶은 후회를 동반한다. "아, 그때 입을 다물었어야 하는 건데, 왜 못 참았을까?" 답은 간단하다. 생각할 틈 없이 너무 빨리 대답했기 때문이다.

OX 퀴즈도 아닌데 대답을 서두르지 마라

우리는 너무 자주, 생각 없이 대답을 한다. 생각을 한 후에 대답해야 한다는 것은 누구나 알지만, 저절로 그렇게 할 수 있는 것은 아니다. 실제로 이런 충고를 귀담아 듣고 실행에 옮기는 사람은 극소수다.

수십억 달러짜리 프로젝트를 책임지는 팀장이라고 해도 크게 다를 것 없다. 한 팀장은 지난 10년 동안 프로젝트의 80%가 목표 이하 수준이었다고 한다. 기한을 초과했거나, 너무 많은 비용이 들었거나, 품질이 떨어졌다. 그도 아니면 아예 실패했다. 그 이유 중 하나가 바로 생각 없는 조건반사였다.

발주업체가 프로젝트의 개요를 대략 설명하고 수주 업체 프로젝트 팀장에게 묻는다. "되겠어요?" 팀장이 즉시 대답한다.

"당연하죠!"

프로젝트 관리 세미나 자료에는 이런 질문에는 절대로, 무슨 일이 있어도, 목에 칼이 들어와도 곧바로 "네"라고 대답하지 말고 일단 머릿속으로 계산해본 후에 이렇게 답하라고 되어 있다. "가능할 것 같군요. 이틀만 시간을 주시면 대략적인 계획안을 제시하겠습니다." 그런데도 대부분은 이 모범답안을 무시하고 성급한 마음에 얼른 대답부터 하고 본다.

일상에서도 마찬가지다. 대부분의 갈등과 다툼은 한쪽 혹은 양쪽이 입을 다물지 못해서 생겨난다. 말 때문에 문제가 생기지 침묵 때문에 문제가 생기는 경우는 거의 없다.

이런 조건반사의 문제점을 알면 낭패를 피할 수 있다. 사무직 직원인 크리스티네는 친한 친구 베라와 약속을 잡게 됐다.

"제가 2시에 되냐고 물었더니 곧바로 된다고 하더라고요. 뭔가 좀 미심쩍어서 오늘 할 일이 무엇 무엇이냐고 물었죠. 들어보니 아무리 빨라도 3시는 되어야 끝나겠더라고요."

이미 베라의 조건반사적인 대답에 몇 번 낭패를 겪었던 크리스티네가 친구를 대신해 입을 다물고 생각할 시간을 준 것이다.

│ **침묵훈련** │

지난 일주일을 떠올려보라. 후회되는 말을 언제, 얼마나 했는가?

도발적인 질문에는
이렇게 대처하라

세상이 너무 초고속으로 돌아가는 탓에 스트레스는 우리의 소통에까지 침투했다. 쉬지 않고 상대에게 자기 뜻을 강요하려 든다.

최근에 한 동료가 무릎이 심하게 아파서 병원에 갔다. 의사는 다짜고짜 이렇게 물었다. "독감주사 맞으셨나요? A형 간염 주사는요?" 동료는 화가 나서 쏘아붙였다. "저는 무릎이 아파서 왔는데요. 절룩거리면서 들어오는 거 못 보셨어요?" 만일 의사의 덫에 걸려 "안 맞았는데요." 하고 대답했더라면 무릎 때문에 병원에 갔다가 예방접종까지 할 뻔했다. 그런 식으로 영업을 하는 의사도 부당하고 비윤리적이지만, 생각 없이 대답부터 해버리는 환자에게도 책임은 있다.

그나마 이 의사는 솔직한 편이다. 훨씬 더 교묘하게 상대를 조종하는 사람들이 도처에 널려 있다. 실제로 세미나 참석자들에게 그런 사례를 들어보라고 했더니 정말 가관이었다.

　"우리 사장은 하루에 한 번꼴로 아무에게나 말을 겁니다. '방금 무슨 생각했어?' 그럼 질문을 받은 직원은 당황해서 변명을 늘어놓기 시작해요. 어리석은 행동이지요. 사장이 노린 게 바로 그거니까요."

　"아내가 '당신 생각은 어때?'라고 물으면 그저 조심하는 게 상책입니다. 깜빡 속아서 솔직한 제 생각을 말했다가는 된통 당하거든요."

　"누군가의 '자넨 왜 항상 그 모양이야?'라는 식의 비난에는 대응하지 않는 게 상책입니다. 그냥 귀찮다는 듯 '그러게요'라고 툭 답하는 게 최선이죠."

　"상사의 '어떻게 이런 실수를 할 수가 있어?'라는 꾸지람에도 가만히 있는 게 좋습니다. 팀원 중에는 항상 변명을 늘어놓고 사과를 하는 친구가 있는데, 멍청한 짓이지요. 그런 도발적인 질문에는 대꾸하지 않는 게 좋거든요. 그런데도 늘 누군가는 걸려들어요."

손바닥은 마주치지 않으면 소리가 나지 않는다

세미나에 참석했던 한 여성이 2차 세미나에 와서 성공담을 들려주었다. "아버지나 삼촌과 싸우지 않고 보낸 첫 번째 크리스마스였어요. 매번 제 직업 때문에 언쟁이 벌어졌거든요." 그녀는 화가인데, 아버지와 삼촌은 그녀가 가업을 물려받기를 바라고 있다. 그래서 크리스마스에 가족이 모일 때마다 그녀는 자기 직업을 변호해야 했다.

아버지 : 거기 치즈 좀 이리 다오. 고맙다. 너도 많이
　　　　먹어라. 네 수입으로 이런 치즈를 어떻게
　　　　매일 먹겠냐?

삼촌　 : 지난번 그 그림 얼마에 팔았냐? 우리 회사
　　　　한 달 월급은 되나?

딸　　 : 왜 거지 취급이에요? 수입을 떠나서 아틀
　　　　리에에 있으면 얼마나 행복한지 알아요?

아버지 : 만날 물벼락 맞는 그 아틀리에? 돈 없어서
　　　　수리도 못 했지?

딸　　 : 수해 입은 건 이번이 처음이거든요! 그리고
　　　　수리 다 했어요!

아버지 : 그래, 했겠지. 네가 직접 지붕에 올라가서.

그러다 뼈라도 부러지면 병원비도 못 내는
주제에 어떻게 하려고 그러냐?

해마다 이런 대화에 지친 그녀는 세미나 이후로 전략을
바꾸어보기로 결심했다. 절대 두 사람의 도발에 대응하지
않겠다고 결심한 것이다.

아버지 : 아틀리에 월세 낼 정도는 버냐? 벌써 딱지
붙은 거 아냐? 하긴 뭐, 어쩔 수 없겠지. 예
술가는 원래 가난을 벗 삼는 직업이니까.
삼촌　 : 예술을 하려면 참을성이 많아야지!
딸　　 : 아, 네. 뭐, 그렇죠.
아버지 : 혹시라도 그림 그리다가 지겨워지면 와라.
법대를 우수한 성적으로 졸업한 재원이 그
림쟁이라니……
딸　　 : ……네.
아버지 : 그래, 그럼 됐다. 맥주나 한잔 마셔야겠군.

그날 아버지가 그녀를 따로 불러 이런 이야기를 했다고
한다. "내가 그동안 한 말들, 마음에 담아두지 마라. 가업을

물려받기를 바라지만, 그래도 네가 행복한 것 같아서 아비도 기쁘단다. 사실 나도 피아니스트가 되고 싶었던 때가 있었지. 다 철없던 시절 이야기지만……. 어쨌든 내 딸이 예술가의 길을 걷는 것도 좋겠지."

이 사례에서 그녀는 침묵의 규칙을 잘 지켰다. 거만하게 굴거나 뚱한 표정으로 일관하지 않고, 적절히 감탄사를 섞어가면서 상대의 말을 경청한 것이다. 이런 경우 상대는 대부분 금방 의욕을 잃고 포기하고 만다. 그리고 다른 상대를 찾아 나서거나 이성적인 자세로 돌아오게 된다. 그러니 상대의 비난과 도발에 일일이 발끈해서 달려들지 말고 한 걸음 물러나서 상대를 초조하게 만들어보자. 그 편이 양쪽 모두에게 득이 된다는 사실을 금방 깨닫게 될 것이다.

| 침묵훈련 |

평소 직장 상사나 동료, 고객, 가족, 친구들이 사람들을 자극하기 위해 자주 쓰는 표현이 있는지 관찰하고 적어보자. 그리고 이런 자극에 대한 올바른 대응법을 생각해보자. 대응법을 찾아냈다면, 모범답안을 만들어 입에 익을 때까지 연습하자.

참을 수 없는 모욕에 대처하는 법

도저히 참을 수 없는 모욕에 조건반사로 되받아치는 것은 아무런 소용이 없다. 그저 침묵하는 것이 최선이다. 하지만 때로는 공격적인 침묵도 좋다. 비언어적인 모든 것을 총동원한 침묵, 찌푸린 이마, 앙다문 입, 날카로운 눈으로 상대의 눈을 똑바로 쳐다보자. 말 그대로 눈조차 깜빡이지 않고 상대를 노려보는 것이다. 그리고 잊지 말아야 할 것이 있다. 당신이 할 수 있는 가장 나쁜 생각을 하되 절대 입 밖으로 내지 말라. 말로 하는 순간, 효과는 사라지니까. 학자들은 텔레파시가 없다고 하지만, 장담한다. 텔레파시는 분명 있다.

공격적인 침묵은 사장도 놀라게 한다. 한 프랑스 IT 기술자가 나를 찾아와 하소연한 적이 있다. "우리 사장은 매일 사무실에 와서 모욕적인 언사를 늘어놓습니다. 머릿속으로는 '어떻게 저런 말을 하지?'라고 생각하면서도 다들 가만히 듣고만 있어요." 나는 전략을 바꿔보라고 충고했다. 다음에 같은 상황이 오면 '염라대왕은 뭐 하나 몰라. 저런 놈 안 잡아가고……'라고 생각하면서 들으라는 것이었다. 그는 동료들에게 이 충고를 공유했고, 다음번에 직원들을 구박하러 사무실에 들어온 사장은 안타깝게도 마음껏 갈구지 못하고 물러났다.

"말을 더듬더라고요. 표정이 굳어서 허둥거리더니 갑자기 사무실에서 나가버렸어요. 다들 영문을 몰라 어리둥절했죠. 그러다 깨달았어요. 우리 전략이 먹혔다는걸!"

14명의 기술자가 하나같이 팔짱을 끼고 이마를 찌푸린 채 마음속으로 저주를 퍼부으며 쏘아보고 있는데 제아무리 강심장인들 견디겠는가. 사장은 평소처럼 모욕적인 발언을 쏟아냈지만, 직원들은 더 이상 자신들을 희생물로 느끼지 않았다. 무기를 손에 쥐고 승리를 쟁취했다. 게다가 그날 이후로 사장의 말투가 한층 부드러워졌다고 하니 제법 큰 승리였다.

침묵으로 상사를 벌하라!

이 공격적 침묵은 특히 아랫사람들에게 유익한 무기가 된다. 나를 찾아오는 중간급 간부들 중에는 사장의 과도한 요구 때문에 괴로워하는 사람이 많다. "아무리 노력해도 사장님 성에는 안 차나 봐요." 이들은 어떻게 하면 사장을 만족시킬 수 있을지 알고 싶어 한다. 그건 불가능하다고 못을 박으면 그럼 사장의 과도한 요구에 어떻게 대응해야 하는지 묻는다. 그때마다 나는 그들에게 공격적인 침묵을 처방해준다.

"다음에도 과중한 업무를 주거든 꼭 필요한 질문만 하고 최대한 말을 적게 하세요. 불평도, 대꾸도 절대 금물입니다."

이 방법은 언제나 효과가 있다. 어째서일까? 내가 만나본 CEO들은 우리가 생각하는 것보다 훨씬 타인의 거부에 예민했다. 실제로 CEO들이 나를 찾아와 아랫사람들이 자신과 말을 잘 안 하고 냉정하게 군다고 호소한다. 그때마다 나는 속으로 웃으며 이렇게 묻는다.

"늘 그런가요?"
"음…… 아니요, 그건 아닌 것 같아요."

"그럼 언제 그러던가요?"

"음…… 생각해보니 좀 힘든 업무를 시킬 때마다 그러는군요."

"그럴 때 입을 꽉 다물어버린다고요?"

"네."

"그럼 그건 업무가 과중하다는 신호겠네요. 그것도 아주 확실한 신호인 것 같으니 진지하게 한번 생각해보세요."

이렇듯 침묵은 때로 수천 마디 불평보다 더 많은 말을 한다. 만일 당신의 상사가 어지간한 침묵에도 눈치채지 못한다면 과감하게 공격적인 침묵으로 대응해보면 어떨까?

침묵은 협상 상대를
불안하게 만든다

욕망이 강할수록, 시간이 촉박할수록, 스트레스가 심할수록, 마음이 불안할수록 사람들은 말을 더 많이 한다. 이들은 봄에 사과나무 한 그루에 5톤의 비료를 들이붓고는 '비료를 많이 줬으니 사과가 빨리 열리겠지?'라고 기대하는 것과 같다. 알다시피, 그렇게 비료를 퍼부으면 사과나무는 여름이 오기도 전에 죽어버릴 것이다. 사과를 얻고 싶다면 '적정한 양'의 비료를 주어야 한다. 말도 마찬가지다.

논거를 제시하고, 호소하고, 상대의 반박에 줄줄이 변명을 늘어놓고…… 정말 따분하고 재미없는 광경이다. 하지만 안타깝게도 연봉협상 때 흔히 목격되는 광경이다.

언젠가 세미나에 참석한 한 기술자가 자기는 연봉 협상 때마다 만족할 만큼 연봉을 올리는 데 성공했다고 자랑했다. 사람들의 관심이 집중됐음은 물론이다. 나는 내가 사장 역할을 맡을 테니 그 상황을 역할극으로 재현해볼 것을 권했다. 그리고 그것은 내가 지금까지 해본 가장 짧은 역할극 중 하나가 됐다.

그가 말했다. "사장님, 지난 12개월 동안 제 업무는 물론이고 퇴직한 슈미츠의 업무까지 맡아서 처리했습니다. 매니저 연수 교육도 이수했고요. 앞으로 더 열심히 일할 겁니다. 그러니 연봉을 2천 유로 올려주십시오." 끝이었다.

나는 웃음을 터트렸다. 참석자들은 이해하지 못했다. 그 와중에 내가 웃음을 터트리기까지 하니 그들은 더욱 당황했다.

내가 웃은 건 그 기술자가 상황의 요점을 정확히 간파했기 때문이다. 그는 꼭 필요한 말만 던지고 입을 다물었다. 더 이상 말을 할 필요가 없기 때문이다. 사장이 무슨 말을 하건 가만히 앉아 가끔씩 고개를 끄덕이고 짧게 대답하며 관심을 보인다. 결국 사장은 매번 연봉을 올려주었다.

이 역할극을 지켜본 참석자들은 각기 나름대로 해석을 했다. "저분이 그 회사에 꼭 필요한 인재겠죠." "사장님 마음이 약한가보네요." "운이 좋았네요." 이런 다양한 해설이 쏟아졌다. 그러나 그중 누구도 침묵을 성공의 요인으로 꼽지는 않았다.

하지만 나는 물었다. 어떻게 한 인간이 저렇게 조용하고 느긋하게, 적은 말로 자신의 입장을 밝힐 수 있을까?

확신 있는 자가 설득한다

사실 사람들이 협상 자리에서 말을 많이 하는 이유는 상대를 설득하려는 것이 아니다. 사실은 자기 자신을 설득하려는 것이다. 물론 성공할 리 없다. 어떤 사람도 협상 중에 자신의 관점을 확신할 수는 없기 때문이다. 협상 전에는 몰라도 협상 중에는 자신과 자신의 입장에 대한 확신을 유지하기 어렵다. 반면 앞에서 본 그 기술자는 자신과 자신의 이해관계, 목표에 100% 확신이 있었다. 이런 확신은 그 어떤 논리보다 설득력이 있다. 개를 훈련시킬 때를 생각해보자. 주인이 반신반의하면서 명령하면 개는 절대로 그 말을 듣지 않는다. 주인이 단호한 목소리로 "앉아!", "발!" 하고 명령을 해야만 순종한다.

의심과 확신의 차이를 제대로 보여준 아기 엄마가 있다. 우는 아기를 겨우 달래서 재워놓았는데 집 앞에서 남자아이 몇 명이 왁자지껄하게 놀고 있었다. 아이들을 좀 조용히 시키라고 남편을 보냈더니 특명을 받고 나간 남편은 아이들과 토론 판을 벌리고 있었다. 이성적으로, 좋은 말로 문제를 해결할 수 있다고 믿는 듯, 아이들을 조곤조곤 설득하려한 것이다. 물론 아이들은 비실비실 웃으며 오히려 남편을 가지고 놀았다.

참다못한 아내가 문을 열고 나가 말했다. "지금 저 안에서 아기가 자고 있어. 저 아기가 깨면 너희들 책임이야. 알아서 해!" 그리고 돌아서 집으로 들어갔다. 아이들이 어떻게 했을까? 당황했고, 고민에 빠졌다. 책임지라고? 저게 무슨 소리지? 경찰한테 신고할 건가? 우리 엄마에게 이르겠다는 거야? 뭔지 몰라 불안했던 아이들은 금세 사라졌다. 놀 장소를 바꾸기로 결정한 것이다.

싸울 준비가 되어 있는 사람에게 가장 황당한 상황은 싸울 의욕이 없는 상대를 만나는 일이다. 상대가 제아무리 탄탄한 논리로 무장하고 권위를 내세워도 다 받아칠 자신이 있지만, 입을 꾹 다문 상대에게는 방법이 없다. 그만큼 침묵은 위력적이다.

입장을 바꾸어 상대가 입을 다물면 당신은 어떤가? 대부분의 아마추어들은 신경이 곤두선다. 불안한 마음에 심장이 두근대다가 금세 양보하고 만다.

이런 식으로 상대의 침묵 작전에 걸려드는 게 싫다면 혼자 불안에 떨지 말고 직접적으로 물어라. "제 제안이 어떻습니까?" "의견을 말씀해주시지요." 이렇게 하면 공은 상대에게 넘어가고, 불안도 함께 넘어간다.

자신의 생각, 내면의 목소리는 바깥에서 들려오는 말보다 힘이 세다. 특히 청소년들이나 심약한 협상 파트너에게는 더욱 그렇다. 물론 여기에는 나 자신에 대한 확신을 가져야 한다는 전제 조건이 있다.

앞의 예에서 아기 아빠는 그렇지 못했다. 그는 역할을 헷갈렸다. 아기 아빠가 아니라 아이들의 동료처럼 보이고 싶었던 것이다. 이렇게 확신이 없는 사람들은 말이 많을뿐더러 약한 나뭇가지처럼 쉽게 부러진다. 반면 아기 엄마는 자신이 해야 할 일에 대해 전혀 흔들림이 없었다. 이런 확신은 상대에게 꽤나 큰 압박으로 작용한다.

| **침묵훈련** |

당신이 협상하는 장면을 떠올려보자. 상대는 당신을 전문가로 느낄까? 당신은 상대를 어떻게 느끼는가? 어떻게 하면 자신의 입장에 더 확신을 가질 수 있을까? 협상을 앞두고 있다면, 어떻게 해야 당신의 주장에 100% 확신할 수 있을지 고민해보자.

화난 사람을
상대하는 최고의
대응책

상대가 꼭지가 돌아 짜증을 내고 불평불만을 쏟아내면 아마추어들은 어떻게 할까? 즉각 상대에게 변명한다. 당연히 대화는 점점 더 파국으로 치닫고, 결국 화를 내는 상대에게 그 책임을 전가한다. "왜 저렇게 신경질적으로 반응하는 거야?" "난 할 만큼 했어!"

그러나 화난 사람에게는 아무리 그럴싸한 변명도 화를 돋우는 불쏘시개에 불과하다. 어떤 말이든 상대를 더 자극할 뿐이다. 그러니 상대의 불평에도 역시 '적당한' 침묵이 최고의 대응책이다.

불평은 목표를 달성할 때까지 멈추지 않는다

아이가 학교에서 돌아오자마자 분통을 터트린다. "급식 시간에 소시지가 나왔는데 앞에 애들이 다 가져가서 못 먹었어요!" 이런 상황에서 엄마들은 보통 뭐라고 할까? 불에 기름 끼얹는 발언을 하지는 않을까? "다른 반찬 있었을 거 아냐? 그럼 됐지." 과연 아이도 그럼 됐다고 생각할까? 아니, 틀림없이 더 화를 내면서 짜증을 낼 것이다. 당연한 일이다.

불평의 목표는 상대의 진지한 반응이다. 엄마는 이렇게 반응했어야 한다. "저런, 속상했겠구나. 대신 저녁에 엄마가 소시지 해줄게."

상대의 불만을 진지하게 받아주면서 상대와 한 걸음 보조를 맞춘 다음 위로와 공감의 표정으로 침묵하는 것. 이보다 더 확실한 불평 대응 방법은 없다.

한 보험회사 직원이 있다. 그의 말은 팀장의 말보다도 더 팀원들에게 잘 먹힌다. 그래서 다들 그에게 마음을 열고 고충을 털어놓는다. 이유는 단 하나다. 그는 항상 상대의 이야기에 귀를 기울이고, 상대의 불만을 자기 입으로 다시 한 번 되풀이해 보조를 맞춘 후 입을 다문다.

이 방법은 초보자에게는 다소 어려울 수 있다. 대신 조금 더 간단한 방법이 있다. 불평을 털어놓는 상대에게 대답을 하기 전에 입을 다물고 10까지 숫자를 세는 것이다. 그리고 말을 한 후에도 다시 한 번 10까지 세라. 그것만으로도 효과는 상상 이상일 것이다. 침묵은 가열된 커뮤니케이션을 식혀주는 얼음물 같은 것이니까.

상대의 욕망을
읽는 법

　사람들이 대체로 판매사원을 꺼리는 것은 그들이 오로지 매상에만 관심이 있다고 생각하기 때문이다. 이런 말을 들으면 판매사원들은 그렇지 않다고 항변하겠지만, 실제로 그들이 매상에만 관심이 있다는 인상을 주는 것은 사실이다. 이런 오해를 받는 것은 그들이 경청을 하지 못하기 때문이다.

　판매사원 : 필요하신 거 있나요?

　고객　　 : 노트북 좀 보러 왔는데요.

　판매사원 : 정말 잘 오셨어요. 마침 신제품이 나왔거
　　　　　　든요.

시작부터 틀렸다! 판매사원이 보여준 제품은 최신식에 무게도 가볍고 디자인도 멋진 노트북이다. 하지만 고객이 원하는 제품은 그게 아니다. 문서 작성만 할 수 있으면 된다. 고급 사양일 필요도 없고, 애초에 게임은 하지도 않는다. 하지만 판매사원은 이런 사실을 모른다. 상대의 말을 듣지 않기 때문이다.

판매사원 교육의 첫 번째가 경청을 통한 고객의 니즈 needs 파악이다. 고객이 무엇을 원하는지 묻고 귀를 기울여야 한다. 하지만 그런 기본수칙을 지키는 판매사원은 정말 보기 드물다. 운 좋게도 나는 그런 사람을 몇 명 아는데, 모두 판매왕들로, 고객들 사이에서도 평판이 좋다. 물론 상사들의 평도 좋다. 이들이 판매왕이 된 것도, 좋은 평판을 얻은 것도 모두 침묵이라는 아주 간단한 기술을 익혔기 때문이다.

사실, 우리는 모두 판매원이다. "하지만 난 판매사원이 아닌데요." 이렇게 말할 사람이 수두룩할 것이다. 하지만 판매사원이 아니라고 해서 판매를 하지 않는 것은 아니다. 우리는 항상 무언가를 판매한다. 프레젠테이션도 판매다. 청

탁이나 부탁도 판매다("당신이 나의 소망을 사준다면 나는 그 대가로 감사를 드리겠소"). 심지어 프러포즈도 판매의 일종이다.

많은 사람이 내게 묻는다. "어떻게 해야 내 아이디어를 납득시킬 수 있죠? 제일 잘 먹히는 논리가 뭘까요?" 나는 그들에게 대답한다. "문제는 논리가 아닙니다. 먼저 상대가 무엇을 원하는지 알아야 잘 먹히는 논리를 선택할 수 있으니까요." 그러려면 먼저 물어봐야 한다. 물은 후에는 입 다물고 상대의 대답을 들어야 한다. 그러지 않으면 상대가 무엇을 원하는지 절대로 알 수 없다.

고객들이 저렴한 물건만 찾는다고 불평하는 판매사원이 많은데, 이들의 불평은 곧 '나는 고객의 욕망을 읽어낼 능력이 없다. 그래서 고객들이 가격만 가지고 협상한다.'는 뜻과 같다. 하지만 욕망을 정확히 짚어 공략하면 가격에만 매달릴 고객은 많지 않다. 자신의 니즈에 정확히 부합하는 상품 앞에서는 가격이 의미를 잃기 때문이다.

인간으로서 삶을 조금이라도 편하고 즐겁게 살아가고 싶다면 상대의 욕망을 읽는 법을 익히는 것이 좋다. 배우자

든 아이든, 부모든 친척이든, 직장 동료든 고객이든, 우리는 어쩔 수 없이 남과 더불어 살아가야만 하는 존재니까 말이다.

침묵으로
코칭하라

기업에서 요청을 받고 찾아가보면 십중팔구 이미 컨설턴트에게 자문을 받은 후다. 다시 말해, 이미 엄청나게 많은 말을 들었다는 뜻이다.

컨설턴트 : 직원 50명을 해고하고 원가절감에 힘써야 합니다.

사장 : 하지만 우리는 가족 기업입니다. 다들 2대, 3대째 일하는 직원들이에요. 그들을 해고할 수는 없습니다.

컨설턴트 : 그래도 하셔야 합니다. 안 그러면 1년을 못 버틸 겁니다.

이런 자문의 대가로 컨설턴트는 상당한 액수를 챙겨갔지만 사장은 그들이 건네준 서류를 서랍에 넣고 직원들을 해고하지 않았다. 1년 후, 실제로 기업은 도산 위기에 처했다. 이제 기업가는 코치를 불렀다.

코치 : 왜 해고를 안 하셨어요?

사장 : 우리 직원들 대부분 3대째 여기서 일하는 사람들입니다.

코치 : 그렇군요. 해고는 안 되겠네요. 그럼 어떤 방법으로 회사를 구할 생각이세요?

이 질문에 사장은 고민을 시작한다. 만약 컨설턴트라면 이때 여러 가지 제안을 할 것이다. 가족기업이라는 회사 특성에 맞지 않아 십중팔구 사장이 채택하지 않을 제안들을 말이다. 반면 코치는 그저 가만히 앉아서 기다린다. 그리고 또 기다린다. 사장과 함께 입을 다문다.

물론 훌륭한 코치인 경우에만 그렇다. 대부분의 수다쟁이 코치는 기다리는 것을 버거워한다. 그러나 만약 침묵할 수 있다면, 그 침묵으로부터 '실행 가능한' 해결책이 나온다. 100% 실행할 수 있는 아마추어의 50%짜리 해결책이 50%

실행할 수 있는 전문가의 100%짜리 해결책보다 낫다. 해결책은 문제가 아니라 사람에 맞춰야 한다. 문제는 가변적이고 유동적이다. 반면 사람은 그렇지 않다.

이제 그 기업에는 무슨 일이 일어났을까? 안타깝게도 사장은 회사를 구할 만한 비책을 찾지 못했다. 그러자 코치는 다시 질문을 던졌다.

코치 : 직관적으로 느끼시기에 회사의 최대 강점이 뭐라고 생각하세요?
사장 : 글쎄요. 역시 직원들이 3대째 여기서 일하고 있는 게 특징이긴 한데…….
코치 : 3대째 일해서 좋은 점은 뭔가요?
사장 : 직원들이 진짜 가족처럼 친근하지요.
코치 : 뒤집어 생각하면요?
사장 : 뭐, 직원들도 회사를 가족처럼 생각하겠지요. 그러니 회사를 위한 일이라면 손발 걷어붙이고 나서지 않을까요?

이 시점에서 코치는 다시 입을 다물었다. 마지막 말을 내뱉는 순간 사장의 머릿속에 뭔가가 떠올랐음을 눈치챈 것이다.

사장은 직원들을 불러모아 술을 한 잔씩 따라주며 말했다. "기적이 일어나지 않는 한 우리 회사는 망할 겁니다." 그러자 직원들의 입에서 탄식이 새어나왔다. 하지만 이들은 자신들이 무슨 일을 해야 할지 알고 있었다. 모두 회사를 위해서라면 어떤 희생도 감내할 각오가 되어 있었다. 이들은 자발적으로 머리를 맞대고 아이디어를 짜내기 시작했고, 자발적으로 한동안 연봉을 삭감했으며, 또 자발적으로 영업사원이 되어 고객이 있는 곳이라면 어디든지 달려갔다. 그렇게 기업은 기사회생했다.

침묵은 폭발적인 아이디어의 재료다

나는 세미나에서 침묵을 통해 아이디어를 폭발시키는 방법을 전수하기도 한다. 사실은 그냥 침묵을 전파했을 뿐인데 그 과정에서 아이디어가 폭발했다는 고백이 자주 나오는 것이다.

이런 폭발적인 아이디어는 다른 말로 창의력 또는 직관이라 부른다. 평가나 비판을 배제한 침묵을 통해서만 이런 아이디어를 얻을 수 있다. 아마 샤워할 때 좋은 아이디어가 떠오른 경험을 한 번쯤 해봤을 것이다. 그토록 떠들어대느라 바빴던 입이 잠시나마 닫히는 바로 그 순간에 말이다.

　내가 사람들에게 전수한 방법이라고 해봐야 어려울 게 없다. 우선 지금 당신을 괴롭히는 문제를 하나 고르자. 처음부터 너무 무거운 문제를 고르는 것은 좋지 않다. 그리고 어디서나 들을 수 있는 충고나 '이성적인' 해결책은 잠시 옆으로 치우자. 이는 나중에 살펴봐도 늦지 않다. 우선은 그냥 입을 다물고 조용히 해보자. 비난도, 충고도 멈춰라. 그냥 가만히 있는 것이다. 그때 떠오르는 생각을 관찰하되 판단도, 평가도 하지 마라. 그냥 계속 침묵하라. 무슨 생각이 떠오르건 놔둬라. 원한다면 기록을 해도 좋다. 다시 말하지만, 절대 평가하지 마라.

　여기까지가 익숙해지면 다음 단계로 넘어간다. 이번 훈련에서는 우선 가까운 사람에게 질문을 하는 것부터 시작이다. 상대가 즉흥적인 대답을 멈추고 생각에 잠길 때까지 계속해서 질문을 던지자. 그리고 상대가 대답을 할 때까지 입을 다물자. 그런 다음 생각해보라. 내가 마지막으로 던진 질문이 뭐였지? 상대를 생각에 잠기도록 하려면 필요한 게 뭘까?

침묵은 인간관계의 새로운 차원을 열어준다

이 훈련까지 마치면 대부분은 패러다임의 전환을 경험한다. 한 여성은 이렇게 말했다. "평소 남편이 말없이 있으면 불안했고, 그래서 계속 말을 시켰어요. 그런데 이 훈련을 하고 나니까 적막이 어색하기는커녕 오히려 즐겁기까지 해요. 남편의 생각을 더 잘 이해하게 돼서 만족스러운 대화를 나눴어요. 남편의 새로운 면도 발견했고요."

남녀관계만이 아니라 모든 인간관계가 그렇다. 어색한 침묵이 싫어 억지로 쓸데없는 말을 늘어놓지 않아도 될 때 완전히 새로운 차원에 도달한다.

페트라는 지난 10년 동안 엄마와 사이가 좋지 않았다. 둘은 대화를 시작하면 5분도 못 가 반드시 언쟁을 벌였다. 두 사람 다 자기 주장만 하는 옹고집도 아닌데 유독 둘이 만나면 그랬다.

페트라는 나의 충고를 받아들여 엄마의 말에 절대 대꾸하지 않고 딱 두 가지만 하기로 결심했다. 질문과 침묵!

페트라 : 오늘 날씨도 좋은데 왜 그렇게 두꺼운 스웨터를 입었어요?

엄마 　 : 네가 언제부터 나에게 그렇게 관심이 많았
　　　　　냐?

　받아치고 싶은 마음을 꾹 참고 페트라가 다시 질문을 던
진다.

페트라 : 질케 언니가 저번 생신 때 사준 스웨터 아
　　　　　니에요?
엄마 　 : (비꼬는 말투로) 참 기억력도 좋으셔.
페트라 : 캐나다에서 잘지내고 있으려나. 질케 언니
　　　　　보고 싶어요?
엄마 　 : 당연하지. 뭐 그런 걸 물어봐.
페트라 : 나도 언니 보고 싶은데⋯⋯. 언니 어떤 모습
　　　　　이 제일 보고 싶어요?
엄마 　 : 흠⋯⋯ (머뭇거리며 잠시 입을 다물었다가) 웃는
　　　　　모습이 제일 보고 싶지. 명랑한 아이잖니.
페트라 : 나는 명랑하지 않아서 싫어요?
엄마 　 : 뭐? 왜? 음⋯⋯ (또다시 잠깐 침묵) 그런 거 아
　　　　　냐. 넌 항상 이성적이었지. 네가 없었으면
　　　　　아빠 돌아가시고 내가 그 복잡한 일들을 어

떻게 처리했겠니? 맘속으로는 늘 고맙게
생각하고 있었어.

눈물과 포옹의 화해 의식 같은 건 없었지만, 페트라는 이
렇게 말했다. "10년 만에 싸우지 않고 끝난 첫 대화였어요."
단 두 가지 도구, 질문과 침묵만으로 이루어낸 아름다운 성
공이었다.

최고의 대화는
스톱-고(stop-go)
원칙을 따른다

부부들은 해가 갈수록 대화를 하지 않는다. 한 연구 결과에 따르면 20년간 결혼생활을 이어온 부부가 하루에 대화하는 시간이 불과 4~8분이라고 한다. 그마저 절반은 자녀, 집안일 이야기에 불과하고 감정이나 관계, 계획 등에 대해서는 거의 이야기를 나누지 않는다고 한다. 이쯤에서 드는 의문이 있다. 그런데도 왜 사람들은 결혼이란 걸 하는 걸까?

사실 인간관계란 참 어려운 문제다. 특히 한집에서 지내는 부부 사이는 더욱 복잡하다. 서로에게 완벽하게 무관심해도 문제지만, 그렇다고 미주알고주알 다 이야기한다면 그것도 너무 피곤하다. 그래서 대화는 말과 침묵의 균형이 중요하다.

최고의 대화는 스톱-고(stop-go) 원칙을 따르는 것이다

내가 추천하고 싶은 말과 침묵의 비율은 1:3이다. 침묵이 말보다 3배 더 길어야 한다. 예를 들어보자.

> 부장　　 : 여러분, 물류 시스템을 집약화합시다.
>
> 직원들 : 또요? 분산하라고 하신 지가 얼마나 됐다고요? 왜 하필이면 지금 그런 말이 나온 겁니까?
>
> 부장　　 : 에…… 그러니까…… 이번에 교체된 이사진이 아이디어가 넘치다 보니…… 더 높은 효율성…… 더 우수한 물류 시스템 조성…….

벌써 가슴이 답답하지 않은가? 수많은 상사가 부하직원들을 이렇게 대한다. 한숨이 나온다. 대신 이렇게 해보면 어떨까?

> 부장　　 : 여러분, 물류 시스템을 집약화합시다.
>
> 직원들 : 또요? 분산하라고 하신 지가 얼마나 됐다고요? 왜 하필이면 지금 그런 말이 나온 겁니까?

부장 : 질문이 이렇게 폭풍처럼 쏟아지는 걸 보니 역시 우리 직원들은 회사를 사랑하는군요. 자, 차근차근 하나씩 대답해봅시다. 첫 번째 질문이 뭐였죠? (누군가 용기를 내서 말할 때까지 잠시 입을 다문다.)

직원들 ; 왜 하필 지금 그런 말이 나온 건가요? 이사진이 교체됐기 때문입니까?

여기서 부장은 말없이 다정한 미소를 띤 채 고개만 끄덕인다. 직원들의 마음을 진심으로 이해한다는 것을 보여주는 것이다. 질문에 대한 답은 그다음이다. 물론 이때도 직원들이 마음을 가라앉히도록 쉬엄쉬엄 답을 한다.

남편이 아내와 몇 주 동안 이사 문제로 다투었다. "제가 아무리 살살 구슬려도 도무지 통하질 않아요." 나는 방법을 바꿔 스톱-고 원칙을 적용해보라고 했다. 즉, 일단 아내에게 왜 이사에 반대하는지부터 물어보라고 했다.

남편의 질문에 아내는 마치 외계인 보듯이 힐끔 쳐다보더니 다시 게임에 열중했다. 남편은 인내심을 발휘해 입을 다물고 기다렸다. 20분쯤 지났을까? 아내가 입을 열었다.

"이 동네에 정이 너무 많이 들었어." 남편은 총알처럼 튀어 나오려는 대답을 꾹 눌러 참고 잠시 기다렸다가 이렇게 말했다. "그렇겠지. 정든 곳 떠나기가 쉽지 않겠지." 그리고 다시 침묵했다. 한참 후 그가 다시 입을 열었다. "이사 이야기는 그만하자." 침묵했다가 다시 말했다.

"그렇지만 주말에 정말 좋은 동네에 있는 아담한 집 한 채 구경시켜주고 싶어. 내가 잘못 생각한 건지도 모르겠지만 당신도 마음에 들어 할 것 같거든." 그리고 다시 입을 다물었다. 이번에는 하루 종일.

다음 날 점심 때 아내는 남편을 따라 집을 구경하러 가기로 했다. 이사를 가기로 했는지는 중요하지 않다. 그보다 중요한 건 우리가 생각하는 것 이상으로 사람들에게는 생각하고 고민할 시간이 필요하다는 것이다.

침묵수업 6

침묵으로 설득하기

- 우리는 이야기를 할 때 말하고자 하는 내용만 생각한다. 하지만 그것만으로는 뜻을 전달하기 힘들다. 말보다 침묵을 먼저 생각하라.

- 상대가 무슨 말을 하든 일단 입을 다물고 생각하는 습관을 들여야 한다. 대답을 이미 알고 있을수록 더욱더.

- 침묵을 적극 활용하면 협상에서 원하는 바를 얻을 가능성이 높아진다.

- 입을 다물어야 상대방이 진정으로 원하는 걸 파악할 수 있다.

- 스톱-고 원칙을 실천하라. 간결한 문장 그리고 침묵!

7장

상대의
마음을
움직이는 법

"대화에서 저지를 수 있는 최악의 실수는
올바른 침묵의 순간을 놓치는 것이다."

- 프란츠 푀겔러, 독일 교육학자

Schweigen

'잠깐 멈춤'은 말에 무게를 실어준다

TV로 오스카 수상식을 본 적이 있다면 이런 장면이 기억 날 것이다. 전년도 수상자가 나와서 인사를 하고 후보자들을 소개한 후 마침내 올해의 수상자를 발표한다. "수상자는……" 자, 바로 다음에 무엇이 따라올까? 물론 알고 있겠지만, 바로 '잠깐 멈춤'이다.

발표자는 대부분 연기 트레이너들에게 혹독한 훈련을 받은 배우들이다. 그런 그들이 말은 줄이고 강약을 조절하면서 제때에 말을 잠깐 멈춘다. 왜? 관객들이 자신도 모르게 집중하고 빨려드니까!

잠깐 멈춤은 사람 심리를 장악한다

이 잠깐 멈춤의 기술을 완벽하게 활용할 줄 아는 경영자가 있다. "벤 팀장. (말을 멈추고 벤을 그윽한 시선으로 바라본다. 벤의 얼굴에서 웃음기가 싹 가신다.) 오늘은 좀 즐겁지 않은 대화를 나눠야겠어요. (다시 말을 멈춘다. 벤은 교장선생님께 불려간 학생이 된 기분이다.) 벤 팀장이 담당한 프로젝트가 지연됐다고 하던데……"(사장이 다시 말을 멈추면 벤의 이마에는 땀이 맺힌다.)

이처럼 말을 잠깐 멈추는 것이 직접적인 공격보다 강력하다. 앞의 사례에서 보았듯이 야단을 칠 필요도 없다. 그저 모호한 말로 불안을 조장하는 것만으로도 충분하다. 불안은 인간의 감정 중에서도 힘이 강한 편이다. 의도적으로 잠깐 말을 멈추는 것만큼 빨리, 효과적으로 불안을 조장하는 방법은 없다.

칭찬을 할 때도 마찬가지다. 무미건조하기 짝이 없는 기업 미팅에서 카리스마가 넘치는 회장은 짤막한 인사말로 최고의 찬사를 보여주었다.

"존경하는 여러분. (말을 쉰다) 30년 근속 직원들에게 감사의 인사를 전하기 위해 이 자리를 마련했습니다. (말을 쉰

다) 프란츠 뮌첼스베르거 씨. (말을 쉰다) 지칠 줄을 모르는 분이시지요. (말을 쉰다) 언제라도 믿을 수 있는 분입니다. (말을 쉰다) 개발부의 버팀목이죠." 끝!

아무리 더한 칭찬이 이어졌어도 그 뒤의 말들은 기억에 남지 않았을 것이다. '개발부의 버팀목'이라는 한마디가 뇌리에 각인됐기 때문이다. 회장의 이 찬사는 간략한 말과 효과적인 멈춤으로 이루어진 명품 문장이었다.

예전에는 콘서트장에 가면 사회자가 장황한 말로 가수를 소개했다. "신사숙녀 여러분, 오늘 제가 여러분께 소개할 가수는 200만 장의 앨범 판매 기록을 보유하고 있고, 그래미상을 3번이나 수상했으며, 얼마 전 새 앨범을 발표한……." 어쩌고저쩌고.

하지만 사회자의 말이 길어질수록 객석의 긴장은 고조되기는커녕 썰물처럼 빠져나간다.

요즘은 소개가 간단해졌다. "신사숙녀 여러분! (잠시 멈춤) 미스터 (멈춤) 엘튼 (멈춤) 존!" 객석에서 박수와 환호성이 터져 나온다. 엘튼 존이 워낙 스타니까 그런 거 아니냐고? 소극장 콘서트장에 가보라. 이 방식은 어떤 이름에도 통한다. 고함이 아니라 멈춤이 무게를 선사한 것이다.

아는 것과 실제로 하는 것은 다르다

세미나나 컨설팅에서 잠깐 멈춤의 효과를 강조하면 모두가 고개를 끄덕인다. 하지만 5초 후, 지난 주말에 뭐 했냐고 물으면 모두가 다시 수다쟁이가 된다. 아는 것과 실제로 행하는 것은 이렇게 다른 것이다.

쉴 새 없이 떠드는 사람들을 보면 자기 말을 전달하고 싶은 욕망이 너무도 강해 상대가 자기 말을 듣고 있는지 관심조차 없다. 그래서 이때 잠깐 멈춤이 더 큰 효과를 발휘한다. 잠시 말을 멈추면 듣는 사람은 상대가 자기 말만 '토해내려' 하는 게 아니라는 인상을 받고, 그래서 상대의 마음이 자신에게 와 있다고 느끼기 때문이다.

│ **침묵훈련** │

이야기 자체가 아니라 이야기를 하는 동안 자신의 태도를 잘 관찰하면서 대화를 해보자. 이때, 한 문장이 끝나면 말을 잠시 멈춘다. 딱 2초면 된다. 그 시간 동안 호흡에 집중해도 좋다. 하지만 가장 좋은 것은 상대의 반응을 살피는 것이다. 상대는 내 말에 어떤 반응을 보이는가? 그의 신체 언어는 어떻게 반응하고 있는가?

말을 멈출 타이밍은
언제인가?

잠깐 멈춤 방법은 언제 어디서나 통한다. 실패하는 법이 없다. 한 문장이 끝났을 때는 당연히 쉬어야 한다. 장문이나 복합문일 때는 쉼표가 찍힌 곳에서 쉬어야 한다. 문장기호는 그러라고 있는 것이다. 쉼표가 있으면 쉬어야 한다. 물론 대화는 글을 읽는 자리가 아니지만 머릿속으로 충분히 쉼표를 상상할 수 있다.

"대통령께서 어제 아침 아우크스부르크에서 환경상을 수여하셨습니다."

이 간단한 문장에서 당신이라면 어디서 쉬겠는가? 나라면 이렇게 하겠다. "대통령께서 (첫 번째 정보이므로 멈춤) 어제

아침 (정보이므로 짧게 멈춤) 아우크스부르크에서 (잠시 멈춤)
환경상을 수여하셨습니다."

어쩌면 이렇게 따지고 싶을지도 모른다. "그렇게나 많이
쉬어요? 그럴 필요까지는 없지 않을까요? 사람들이 바보도
아니고." 아니, 사람들은 바보다. 특히 이렇게 따진 사람이라
면 진짜 바보 맞다. 농담이 아니다. 대인관계의 악화, 이혼, 전
쟁의 진정한 원인은 언어로 인한 오해 때문인지도 모른다. 그
리고 오해를 이해로 바꾸려면 시간이 필요하다. 사람들에게
시간을 주거나 아니면 오해를 받거나 둘 중 하나다.

상사에게 아주 간단한 지시를 받고도 멍한 표정으로 서로
를 쳐다보는 직원들이 얼마나 많은지 아는가? "뭐래? 뭘 하
라는 거야? 알아들었어?" 상사가 이 말을 듣는다면 아마 펄
쩍 뛸 것이다. "자네들 바보야? 그 말을 못 알아들어?" 아니,
직원들은 바보가 아니다. 그런 상황이라면 상사는 이렇게 말
해야 한다. "아, 미안하네. 못 알아들었다면 다시 설명해주지.
이번에는 받아쓸 수 있게 천천히……"

나와 상대, 모두를 위해서 이해할 시간을 줘야 한다

학자들이 조사한 결과, 뉴스는 사람들의 기억에 거의 남

지 않는다고 한다. 캘리포니아가 바다로 가라앉았거나 미국 대
통령이 교황과 결혼하는 것 같은 충격적인 사건이 아니라면
말이다.

그렇다면 우리가 뉴스를 보고도 내용을 거의 기억하지 못
하는 이유는 뭘까? 앞에서도 말했듯이 TV에서 시간은 곧 돈
이고, 따라서 뉴스는 정보로 빽빽하게 채워져 있기 때문이다.
심지어 멈추지도 않는다.

최근에 한 커뮤니케이션 학자에게서도 비슷한 말을 들었
다. "뉴스를 진행할 때는 숨도 안 쉬고 말을 하죠. 진짜 중요
한 정보는 없고 전부 수박 겉핥기라는 걸 어떤 바보라도 알
거예요." 물론 잠깐 멈춤에서 '잠깐'이 어느 정도인지는 상황
에 따라 다르다. 이게 너무 길어지면 거의 비극에 가깝다.

실제로 대답 한 번 들으려면 한나절이 걸리는 사람들이
있다. 집에 오면 입이 접착제로 붙인 것처럼 딱 붙어버리는
남편과 사는 아내가 하소연한 적이 있다. "우리 남편은 지금
3년째 말을 쉬고 있어요." 이런 사람들은 오히려 그만 멈춤을
연습해야 할 판이다. 하지만 보통 사람들에게는 잠깐 멈춤이
더 도움이 될 것이다.

상대에게
호감을 주는
표정과 제스처

강연이나 프레젠테이션 자리에서 가만히 살펴보라. 발표자는 말을 멈췄을 때 무엇을 하는가? 맞다. 그들은 청중과 눈을 맞춘다. 이런 반복되는 시선 교환이 정교한 논리보다도 훨씬 더 발표자에 대한 신뢰와 호감을 높인다는 사실은 연구 결과로도 이미 밝혀졌다. 그리고 충분히 납득할 만한 결과이기도 하다.

생각해보라. 인간이 사용한 최초의 소통 수단이 무엇이었는가? 인류는 언어가 생기기 전 수천 년 동안 분명치 않은 소리와 몸짓 언어로 소통했다. 현대에도 아기들이 말을 배우기 전까지 사용하는 방법이다. 이런 방법은 나라나 문화의 장벽도 없이 여전히 강력한 전달 수단이다. 그리고 잠깐 멈춤의 기술은 이런 기술을 활용할 수 있는 기회를 제공한다.

표정과 제스처

말을 멈출 때 사용하기 좋은 제스처들이 있다. 예를 들면 손바닥을 위로 향하게 해서 청중 쪽으로 손을 내미는 것은 '나의 논리를 손접시에 올려 드립니다'라는 의미의 제스처다. 양손을 사용하면 효과가 더 커진다. 이 외에도 말을 쉬는 동안 신체로 어떤 동작을 취할지 고민해보는 자세가 필요하다. 인기 강사를 관찰해서 제스처와 표정을 따라해보는 것도 좋은 방법이다.

다음은 말을 멈출 때 표정과 제스처에서 주의해야 할 점들을 정리한 것이다.

- 말을 멈출 때는 살짝 미소를 지어라. 단, 히죽거려서는 안 된다.
- 항상 눈을 맞춰라. 단, 이마를 찌푸리거나 눈을 꽉 감아서는 안 된다.
- 팔짱을 끼거나 상체를 반쯤 돌리는 것은 역효과만 난다.

- 마지막 말을 할 때 손동작으로 강조한다.
- 깊게 숨을 들이쉬면 자신만이 아니라 거울뉴런을 통해 청자의 긴장도 풀린다.
- 자신만의 이상한 습관이 나오지 않도록 조심해야 한다. 예를 들어 머리를 긁적이거나 손가락으로 볼펜을 돌리는 등의 행동을 자제하라.

표정에도 휴식이 필요하다

가끔은 표정에도 쉼표를 찍어줄 수 있어야 한다. 필요한 순간에 원하는 표정을 지어 다양한 감정과 의도를 표현하는 것도 능력이다. 그런데도 많은 사람이 말을 할 때 자신의 표정이 어떠할지는 생각하지 않는다.

내가 아는 한 기업의 이사는 최근 들어 하는 일마다 실패를 거듭했다. 운도 따라주지 않았다. 그런데 신기하게도 그가 무슨 짓을 하건 사람들이 그에게는 너그럽다. 회사도, 부하직원들도 그의 실수를 쉽게 용서한다. 다른 사람들은 그 이유를 모르는 듯하지만 나는 안다. 그에게는 천부적인 재능이 있다.

말을 할 때 그의 얼굴은 자신의 모든 감정과 생각을 비춘다. 그의 얼굴은 펼쳐놓은 책과 같다. 생명력이 넘치고 그 생명력이 호감을 불러온다.

인간은 그런 존재다. 호감이 가는 사람의 실수는 너그럽게 넘어간다. 그리고 표정이 인간을, 인간에 대한 호감을 만든다.

말없이 말하는 법

가끔씩 나는 다투는 사람들을 보면 그런 생각이 든다. 왜 말로 싸울까? 말로 싸우는 사람은 모국어를 아직 완전히 마스터하지 못한 것이다.

상대가 말하는 동안에는 입을 다물어야 하지만, 그것만으로 소통이 끝난 것은 아니다. 상대의 말에 동의를 한다면, 이 침묵의 시간을 동의의 표정과 몸짓으로 채워보자. 아마 굳이 설명하지 않아도 다들 어떻게 하는지 알 것이다.

문제는 상대의 말에 동의하지 못할 때다. 그렇다고 상대의 말을 단숨에 잘라버리는 것은 예의에 어긋난다. 언어 공격보다는 일단 거부감을 전하는 표정과 몸짓을 시도해보는 것이 좋다.

혹시 당신만 아는 몸짓이나 표정이 있는가? 당연히 있을 것이다. 무의식적으로 이런저런 방법을 사용해왔을 테니까 말이다. 이제 그 방법들을 좀 더 의도적으로 사용해보자. 확실한 효과를 보면서도 말로 싸울 때와 달리 당신의 호감지수가 떨어지는 일도 없을 것이다.

자기 과시형
리더에게는 사람이
모이지 않는다

인디언 영화에는 항상 이런 장면이 나온다. 젊은 전사들이 부족 회의에서 열띤 토론을 벌인다. 모두가 열심히 자기 주장을 하느라 언성이 높아지고 말이 많아진다. 그러는 동안 나이 지긋한 추장은 가만히 앉아 말없이 이 모습을 지켜본다. 수많은 말이 오간 후, 마침내 모든 사람이 입을 다물고 추장을 바라본다. 추장은 그제야 무거운 입을 열어 고르고 고른 몇 마디를 내뱉는다.

물론 이것은 클리셰다. 하지만 클리셰란 뒤집어 생각하면 우리 모두가 바라는 장면, 조금 과장하자면 우리의 소망을 표현한 장면이라 할 수 있다. 어쩌면 우리 곁에 위대하고 현명한 지도자가 거의 없기 때문에 이런 클리셰가 나온 것이 아닐까? 현실의 지도자들은 하나같이 호들갑과 허풍을 떠느라 정신이 없으니 말이다.

능력 있는 관리자는 입을 다물 줄 안다

부하직원이 있어야만, 권력을 행사해야만 행복을 느끼는 관리자가 있다. 이들은 자기 과시의 기회를 빼앗기면 예민하게 반응한다. 그런데 반대로 생각하면 입을 다무는 것이 곧 리더의 능력이라는 뜻이 된다. 능력 없는 리더들이 입만 살아 있는 법이다.

이런 관리자들의 문제점은 또 있다. 이들은 일만 보고 사람은 보지 못한다. 나에게 컨설팅을 받으러 온 관리자들 중 상당수는 첫 미팅 후 내게서 이런 말을 들었다. "말씀 시작하시고 3분 만에 청중을 잊으셨습니다. 다들 입을 헤 벌리고 무슨 말인지 이해 못 하는 표정이더라고요. 모르셨나요?" 이런 비판에 대부분은 이렇게 대답한다. "알았죠. 당연히 봤습니다. 하지만 모든 사람이 다 알아들을 때까지 기다리다가는 일이 진척이 안 돼요." 일이 중요하다고? 정말? 자기 과시가 아니고?

이런 상황을 피하려면 내가 한 말이 상대에게 스며들 때까지 입을 닫고 기다려야 한다. 즉, 이해는 말이 아니라 침묵의 결실이다. 인간의 두뇌는 낮에 모았던 정보들을 밤에 자는 동안 소화한다고 한다. 그러니 생각할 시간을 주지 않고 떠들기만 하면 상대는 한 귀로 듣고 한 귀로 흘려버릴 수밖에 없다.

침묵은 교육이다

능력 있는 관리자는 침묵한다. 그리고 이런 리더의 침묵은 부하직원들의 능력을 키운다. 침묵을 통한 역량 증진이다. 나는 그 실제 사례를 한 제조 기업에서 목격했다.

그 기업의 어떤 부서 부장과 미팅을 하던 중 한 직원이 들어와 우리 대화를 끊었다. "창문 쪽 CNC에 다시 시스템 점검 알림이 뜹니다. 또 말썽이네요. 어쩌죠?" 부장은 아무 말도 하지 않았다. 그저 다정한 미소를 머금고는 기대에 찬 표정으로 직원을 쳐다보며 눈썹을 치켜떴다. 그러자 직원이 머리를 치며 말했다. "아차, 제가 또 깜빡했네요. 시스템 체크하고 안 되면 기술부의 뮐러 씨를 부르겠습니다." 그때, 부장이 드디어 입을 열었다.

"기가 막히는데? 정확해요! 이대로 가다가는 금방 내 자리를 뺏기겠는걸?"

기분이 좋아진 직원은 미소를 지으며 나갔다. 이번에는

197

내가 말없이 부장을 쳐다보았다. 그러자 그가 웃으며 말했다.

"처음부터 이런 식은 아니었어요. 첫 3년 동안은 아주 귀에 못이 박히도록 잔소리를 했죠. 그런데 안 통하더라고요. 그래서 차차 말을 줄였죠. 지금은 이런 상황에서 한 마디도 안 합니다. 그랬더니 오히려 직원들이 알아서 하더군요." 그가 말을 줄일수록 직원들은 고민을 더 많이 했고, 결국 스스로 생각하게 된 것이다. 능력 있는 상사의 침묵이 낳은 풍성한 결실이다.

| **침묵훈련** |

한참 이야기하다가 갑자기 입을 다물고 다정한 미소를 지으며 상대를 관찰해보라. 상대는 불안한 표정으로 이렇게 물을 것이다. "왜 그래? 뭐 잘못됐어?"

갈등 상황에
더욱 빛을 발하는
침묵의 기술

침묵은 매우 섬세한 도구다. 그저 입을 다물고 아무 말도 하지 않는 것만을 뜻하지 않는다. 침묵이란 소통의 아주 특정한 측면에서 입을 다무는 것이다. 전형적인 갈등 상황을 한 번 살펴보자.

난타전

회계부장 : 정신 나갔어요? 어떻게 이런 짓을 해요?

생산부장 : 무슨 소립니까?

회계부장 : 내가 이 회사 들어온 지가 몇 년인데 이런 일은 처음이라고!

생산부장 : 그래서 뭐 어쩌라고요? 누가 보면 내 상

사인 줄 알겠네!

아마 한 번쯤 본 장면일 것이다. 그런데 이 두 사람은 대체 왜 싸우는 걸까? 모르겠다고? 사실 나도 모르겠다. 장담하건 대, 5분 동안 옆에서 지켜봐도 둘이 왜 싸우는지 모를 것이다. 자, 그럼 이제 다른 버전을 살펴보기로 하자.

선별적 침묵

회계부장 : 정신 나갔어요? 어떻게 이런 짓을 해요?

생산부장 : 무슨 일인가요? 무엇 때문에 그러시죠?

회계부장 : 이번 주문은 사전 계산이 완전히 빠졌잖 아요. 이거 생산부 실수를 우리더러 해결 하라는 거잖아요!

생산부장 : 저번과 같은 주문이라서요. 여기 적어놨 는데요. 같은 건데 그대로 계산해주시면 안 될까요?

회계부장 : 아니, 우리 부서는 뭐 할 일 없습니까?

생산부장 : 죄송한데 이번만 어떻게 안 될까요?

회계부장 : 뭐, 안 되는 건 아니지만…… 아, 몰라. 우 리 직원이 메모를 못 봤나 보네요. 그건

우리 실수지만, 늘 이런 식이죠. 우리가

늘 생산부 뒤치다꺼리를 한다고요.

생산부장 : 그럼 다음부터는 눈에 띄도록 제일 위에

크게 빨간색으로 표기하겠습니다. 이번

만 좀 부탁드릴게요.

작은 차이가 큰 차이를 만든다

두 사례는 무엇이 다른가? 눈치챘겠지만, 차이는 침묵이
다. 첫 번째 사례의 생산부장은 회계부장의 도발을 덥석 물
었다. 양손을 허리에 대고는 '그래, 한판 붙자'는 도전장을 선
뜻 받아들인다. 반면 두 번째 사례의 생산부장은 상대의 도
전에 침묵한다. 회계부장의 도발을 철저히, 고집스럽게 무시
한다. 회계부장의 무례한 언행이나 비난, 격분한 감정에 대해
서는 철저히 침묵한다. 어쩌면 속으로는 이를 악물었을지도
모르나, 끝까지 단 한 마디도 대응하지 않았다.

그렇게 할 자신이 없다고? 그래서 침묵의 고급 기술이다.
당연히 하루아침에 배울 수 있는 기술이 아니다. 하지만 힘
들더라도 배워두면 분명 후회하지 않을 정도로 가치가 큰 기
술이기도 하다.

이 기술로 얻을 수 있는 것이 무엇인지 상상해보라. 변덕

스러운 상사 때문에 스트레스 받지 않을 것이다. 짜증내는 고객 때문에 덩달아 짜증나는 일이 없을 것이다. 동료들의 장난에 걸려들지 않을 것이다.

어떤가? 구미가 당기지 않는가?

이 기술을 배우는 데는 잘 듣는 귀만 있으면 충분하다. 여기서 말하는 '잘 듣는 귀'란 '훈련이 잘된' 귀다. 물론 당신도 조금만 훈련하면 된다. 단 며칠의 훈련만으로 옆에서 굿을 해도 평정심을 잃지 않는 사람도 있다. 소통에 필요하지 않은 내용은 철저하게 무시해버리기 때문이다.

간단해 보이는 이 기술의 효과는 실로 놀랍다. 천국에 온 것처럼 마음이 편해진다.

이 능력을 한 단계 더 업그레이드하면 최상위 기술이 된다. 앞의 사례에서 생산부장이 최상위 단계를 마스터했다면 간단히 이렇게 대꾸했을 것이다. "아이고, 너무 흥분하신 것 같습니다." 업무 내용에는 침묵하고 회계부장의 감정에만 반응하는 것이다. 이렇게 능수능란하게 침묵할 수 있는 사람이라면 세상 어떤 인간의 말에도 흔들리지 않을 수 있다.

어떻게 그 단계에 오를 수 있냐고? 당연히 훈련을 하면 된다.

대표적인 훈련법이 읽기 훈련이다.

방법은 간단하다. 우선 좋아하는 책을 한 권 들고 아무도 방해하지 않을 방으로 들어간다. 아무 페이지나 펼쳐 평소 말할 때의 크기로 낭독한다. 이때 최대한 많이 멈추는 데 집중하라. 문장이 끝났을 때는 물론이고, 문장 중간이라도 쉼표가 있으면 잠시 끊어야 한다. 당신 또는 상대에게 고민이 필요한 지점에서도 멈춘다. 그러면서 자신을 잘 관찰해보자.

처음에는 자신의 읽는 속도가 너무 빨라서, 너무 쉬지 않고 읽어서 깜짝 놀랄 것이다. 억지로 속도를 늦추자고 결심해놓고 세 문장만 지나면 다시 누가 뒤에서 쫓아오기라도 하는 것처럼 속도를 올릴 가능성이 높다. 아마 대부분의 문장과 문단이 너무 길다는 사실도 깨닫게 될 것이다. 책은 읽기용이지 말하기용이 아니기 때문이다. 하지만 그래서 더 쉬면서 말하기에 도움이 된다.

나에게 컨설팅을 받은 한 이사가 기분 좋은 소식을 알려왔다. "예전에는 말이 정말 많았어요. 물론 지금도 그런 편이지만, 요즘은 사석에서만 그럽니다. 예전에는 비즈니스 자리에서도 말이 너무 많았죠."

그는 자신이 말을 할 때 얼마나 쉬는지 확인하기 위해 직접 세어봤는데, 일곱 문장에 한 번 쉴까 말까였다고 한다. "요즘은 문장보다 쉼표가 더 많아요." 그는 껄껄 웃으며 말했다. 물론 농담이겠지만 어쨌든 예전처럼 정신없이 말을 쏟아내지 않는 것만은 분명해 보였다. 그리고 그런 노력이 통한 덕에 그는 말의 전달력이 예전보다 두 배는 커졌다고 확신했다.

침묵수업 7

말을 멈추고 상대에게 생각할 시간 주기

- 말의 내용 못지않게 어떻게 말을 하는가에도 관심을 가져라. 중요한 것은 '무엇'이 아니라 '어떻게'다.

- 말을 멈추는 시간도 중요하다.

- 이해와 공감과 동의는 말에 이은 침묵에서 더 많이 생겨난다. 상대가 생각하고 이해할 수 있도록 시간을 충분히 준다.

- 문장이 끝날 때마다, 쉼표가 있을 때마다 정확히 말을 멈추고 쉬어야 한다.

- 말을 멈추었을 때는 시선 교환과 표정, 제스처를 관리해야 한다.

- 말의 목적은 상대의 마음을 움직이는 것이다. 말을 멈출 때 상대의 마음이 움직인다.

8장

말이 넘쳐나는
세상 속
침묵할 권리

"침묵하는 법을 모르는 사람은
말하는 법을 모르는 사람이다."
- 아우소니우스, 로마의 정치가·시인

Schweigen

상사의 소음에
대처하는 법

라디오 소리가 너무 크면 어떻게 하는가? 스위치를 끌 것이다. 라디오 소리가 소음의 원천이기 때문이다. 그런데 인간도 소음의 원천이 될 수 있다.

그렇다면 인간 소음은 대체 어떻게 처리해야 할까? 사장이 하나 마나 한 소리를 쉬지 않고 떠들어대면 당신은 아마 화가 날 것이다. 그럼 그다음은?

이 시대의 많은 아이들이 게으르고 시끄럽고 자제력 없는 이기적인 존재가 된 이유는 우리가 그것을 허락했기 때문이다. 아이들이 처음부터 그렇게 태어난 것이 아니라 세월이 흐르면서 그렇게 된 것이다. 물론 의도적으로 허락했다는 의미는 아니다. 하지만 오냐오냐하느라 아이를 교육시키는 것을 잊고 말았다.

이런 현상은 상사들이 쓸데없는 말을 많이 하는 이유와도 일맥상통한다. 상사들에게도 교육이 필요한데, 이 교육을 받지 못하면 입을 다물지 않는다. 그리고 이 교육은 우리가 해야 한다.

"나보다 나이도 많고 직급도 높은 사람을 교육하라니요! 내가 왜요? 어떻게요? 그냥 내가 참고 말지." 독자들에게서 이런 항의와 한탄이 쏟아지는 게 느껴진다.

흔히 우리는 '내가 참아야지'라고 생각한다. 잘난 내가, 한 살이라도 더 먹은 내가, 정신 똑바로 박힌 내가 참는다는 말이다. 왜 참는단 말인가? 영국에서는 "바보에게 관대하라 Suffer fools gladly!"는 말로 이를 당연시한다. 그러나 과연 그것이 현명한 처사일까? 현명한 사람들이 바보들의 바보짓에 관대하게 눈감으면 두 가지 일이 일어난다. 바보들의 바보짓과 똑똑한 사람들의 고통이 날로 커지는 것이다.

독일 싱어송 라이터 자비에르 나이두Xavier Naidoo의 노래 가사처럼 우리가 바꾸지 않으면 아무것도 변하지 않는다. 변화를 원한다면 변화시켜야 한다. 그 과정이 쉽지는 않겠지만 분명 보람 있는 일이 될 것이다.

닥쳐올 경제 위기를 주제로 한 강연에 참석한 적이 있다. 강사인 경제학 교수는 열변을 토했다. 대량 해고가 찾아올 것이고, 복지 시스템은 붕괴할 것이며, 국민총생산 증가율은 6%대로 퇴보할 것이라 경고했다. 하지만 청중들 표정을 보니 TV와 맥주 한잔을 그리워하는 것이 분명했다.

그때, 한 남자가 손을 들고 일어섰다. "교수님 말씀을 들어보니 저의 미래도 암담하기 그지없군요. 가만히 계산을 해보니 국민총생산 증가율이 6%대로 감소한다면 5년 전 수준으로 돌아가는 게 됩니다. 그런데 5년 전을 되돌아보면 그때도 살기가 그리 나쁘지 않았습니다. 그 정도면 된 거 아닐까요?" 열화와 같은 박수갈채가 쏟아졌다. 그의 주장에 공감했다기보다는 적어도 20분 전부터 '이제 그만했으면……' 했던 사람들의 바람을 적중시킨 덕이었다. 교수는 계속해서 강연을 이어갔지만 이미 김이 빠진 후라 아무도 그의 말을 진지하게 듣지 않았다.

"내가 참고 말지"란
자세를 버려라

스위스 기차를 타본 사람은 다른 나라 기차를 타고 싶은 마음이 싹 사라질 것이다. 정말 현대적이고 깨끗하고 편안하기 때문이다. 그런데 몇 년 전, 스위스 철도에서 한바탕 소동이 있었다.

스위스 기차에는 '휴식 열차' 칸이 있었다. 그 칸에서는 스마트폰이나 태블릿PC은 쓸 수 없고, 아이는 들어오지 못하고, 라디오나 워크맨도 일체 금지였다. 조용히 쉬거나 노트북으로 작업을 하거나 책을 보거나 창밖 풍경을 감상할 수 있었다. 그런데 스위스 철도청이 그 칸을 폐지하겠다고 발표했다. 그러자 그 조용한 알프스의 나라에 분노의 폭풍이 일었다.

한 청취자는 라디오 방송 중 전화를 걸어 스위스 철도가 열차 티켓과 함께 귀마개를 제공할 거냐고 물었고, 다른 청취자는 앞으로 조용한 열차 칸을 원하는 손님은 어쩔 수 없이 특실을 끊어야 할 테니 스위스 철도는 칼만 안 들었지 강도와 다름없다고 항의했다. 철도청으로서는 예상치 못한 반응이었다. 고객들이 정적의 공간을 침해당하는 것에 이렇게 격렬한 반응을 보일 줄 미처 예상하지 못했던 것이다.

나는 강연이 많다보니 택시를 자주 탄다. 탈 때마다 라디오 소리가 신경에 거슬리면 즉각 기사님께 공손한 말로 라디오를 끄거나 조용한 채널로 바꿔달라고 부탁한다. 여태껏 내 요구에 부정적인 반응을 보인 기사님은 한 분도 없었다.

당연히 소음에 대한 책임은 일차적으로는 소음의 생산자에게 있다. 그러나 현실에서 우리의 스트레스 지수를 책임질 사람은 자기 자신뿐이다. 우리는 소음꾼들을 그냥 내버려둬서는 안 된다. 환경을 파괴하는 자들을 '내가 참고 말지' 라는 자세로 용인해서는 안 되는 것처럼.

한 엄마는 두 딸이 식탁에서 음식을 두고 서로 먹겠다고 싸우자 딸들을 방으로 보내버렸다. "밥 먹을 때는 평화롭게.

둘이 방에 가서 싸우고 의견이 일치되면 다시 와." 남편도 아내의 의견에 지지를 보냈다. "엄마가 말 안 했으면 아빠가 했을 거야. 가서 실컷 싸우고 와라."

이 이야기를 세미나에서 했더니 고등학교 선생님 한 분이 항의를 했다. "아이들에게 그런 식으로 말하는 건 잘못입니다." 내가 보기에는 그것이야말로 아이를 독재자처럼 키우는 부모들의 항변이다. 물론 교육이 목적이라 해도 아이들을 때리거나 구박해서는 안 된다. 아이들은 사랑으로 대해야 한다. 하지만 해야 할 말을 참는 건 사랑이 아니다. 아이들에게 세상은 혼자 사는 곳이 아님을 알려주고 공감과 협동심을 키워줘야 한다. 그래야 자기만 아는 이기적인 존재가 아닌 사회적인 존재로 자란다.

"남편이 거들어주기는커녕 애들 편만 들어요." 애들을 훈육시키지 못하는 엄마들이 자주 늘어놓는 핑계다. 방금 전 엄마에게 만일 그 상황에서 남편이 애들 편을 들었다면 어떻게 했을 거냐고 물었다. "그럼 제가 거실로 가서 TV를 봤겠지요. 하루 종일이요. 하루 종일 빵만 먹어봐야 정신 차리지 않겠어요?" 이 엄마가 너무 매정하다고? 아니, 나는 그저 그녀가 식탁의 평화를 그토록 중요하게 생각한다는 사실에 놀랐을 뿐이다.

한 경영자가 스트레스가 너무 심해 병원을 찾았다가 의사에게서 하루 20분씩 명상을 하라는 처방을 받았다. 그래서 퇴근 후 매일 서재에서 20분씩 명상을 하겠다고 마음먹었다. 그러나 마음먹은 대로 되지 않았다. 2분에 한 번 꼴로 아내와 아이들이 서재 문을 열고 이런저런 부탁을 해댄 것이다. 도저히 안 되겠다 싶었던 그는 다음 날 가족회의를 열고 식구들에게 이렇게 말했다. "퇴근 후에는 완전히 가정을 위해 봉사하겠어. 필요하면 언제든지 불러도 좋아. 대신 20분만 참아줘. 서재에 '방해하지 마시오'라는 팻말을 붙여놓을 테니 그 20분 동안은 절대 서재 문을 열면 안 돼."

도서관에는 정숙해야 한다는 규칙이 있다. 종교 시설에서도 떠들면 안 된다. 가정에도 그런 규칙이 필요하다. 아무리 아이가 예쁘고 배우자가 나를 급하게 필요로 한다 해도 휴식이 필요할 땐 휴식을 요구하라.

수다쟁이의 입을
빨리 다물게
하는 법

소음을 만드는 인간들을 보면 짜증이 난다. 하지만 짜증으로 반응하면 반발만 불러올 뿐이다. 품격 있게, 지적으로 대처해야 한다.

수다쟁이 아이에게 품격 있게 대처하는 방법

한 싱글 대디가 말했다. "여덟 살짜리 딸과 살고 있는데, 퇴근하고 오면 어찌나 조잘대는지 아주 귀가 따갑습니다. 그렇다고 아이에게 입 좀 다물라고 야단을 칠 수도 없는 노릇이잖습니까? 애한테 그러면 안 되잖아요."

그러던 어느 날 도저히 참을 수 없는 상태가 됐을 때 아이에게 조용히 말했다. "아빠가 오늘 너무 피곤해서 그러는데

30분만 조용히 쉬고 싶거든. 딱 30분만 조용히 참아주면 그 다음에는 아빠가 다 들어줄게. 어때? 할 수 있겠지?" 아이는 아빠의 제안을 도전으로 받아들였고 자신이 해낼 수 있음을 입증하고 싶어 했다. 아이에게는 입 닥치라고 화를 낼 것이 아니라 이렇게 경쟁 심리를 자극하면 일이 수월해진다.

TMI 상사를 입 다물게 하는 방법

한 설비회사 해외영업부 부장은 끝날 줄 모르는 연설로 프로젝트 팀장들을 괴롭히기로 소문이 난 사람이다. 최근에 그가 또 장광설을 시작하려 하자 한 프로젝트 팀장이 얼른 그의 말을 끊었다. "아이디어가 정말 좋습니다. 다른 아이디어도 많으실 것 같네요. 그렇지만 일단 전체적인 계획이 서야 그 아이디어를 우리 콘셉트와 결합시킬 수 있겠지요. 제가 대략적인 계획서를 작성해올 테니 함께 살펴보면서 고민해보는 건 어떨까요?" 해외영업부 부장은 흔쾌히 동의했다. 두 가지 이유 때문이다.

첫째, 허를 찔린 것이다. 말 많은 사람은 자기 말을 듣는 상대가 저항할 것이라는 예상을 하지 못한다.

둘째, 인정받았기 때문이다. 사람들이 말을 많이 하는 목적은 인정을 받기 위함일 때가 많다. 그런 사람에게는 인정을 선물하면 평화가 찾아온다.

코치로 일하면서 이런 사례를 수도 없이 목격했다. 세미나마다 입을 못 다물고 같이 코치 노릇을 하고 싶어 안달이 난 사람이 꼭 하나씩은 있다. 할 말이 있어서가 아니라 그냥 관심을 받고 싶은 것이다. 그래서 나는 그가 발언하면 칭찬과 함께 원하는 관심을 선물해준다. 헛소리를 지껄이는 사람을 칭찬한다는 게 말처럼 쉬운 일은 아니지만, 현명한 사람은 헛소리의 모래사장에서도 한 톨의 진실을 발견할 수 있는 법이다.

한 건설회사 현장감독이 고백했다. "건축가들은 정말 제멋에 사는 인간들이에요. 특히 젊은 건축가들은 세상 물정도 모르고 날뜁니다. 예전에는 건설 현장에서 그런 인간을 만나면 몇 시간이고 싸워서 기를 꺾어놔야 속이 시원했어요. 그런데 살다 보니 그럴 필요가 없더라고요. 그래서 요즘에는 그냥 잘난 척하게 내버려둡니다. 한번은 건축가가 웅덩이 물을 다 퍼내는 데 펌프 4개가 필요하다고 우기더군요. 내가 보기에는 2개면 충분했어요. 예전 같으면 따끔하게 한소리 했을 텐데, 그냥 고개를 끄덕였습니다." 물론 정말로 펌프 4대를 사용하지는 않았다. "맞는 말씀이네요. 물을 최대한 빨리 퍼내야 하니 제가 지시를 내리지요. 내일 저녁이면 웅덩이가 모래사장이 되어 있을 겁니다. 장담합니다." 건축가는 만족해서 입을 다물었고 현장감독은 펌프 2개로 웅덩이의 물을 뺐다. 현장감독의 생각이 옳았던 것이다.

옳은 사람은 싸울 필요가 없다. 훼방꾼의 손을 들어주고도 자기 생각대로 할 수 있기 때문이다.

한술 더 뜨기 전략

아내가 가끔씩 편집증 환자 같은 짓을 한다고 고백한 남성이 있다. "한번은 이웃집 남자가 우리를 괴롭힐 거라더군요. 우리 마당을 엉망으로 만들고 자기 마당에 집을 지어서 우리 집 입구를 막을 거다. 뭐 그런 헛소리를 해댔죠. 이유가 뭔지 아세요? 그날 아침에 그 남자가 자기를 보고도 인사를 안 했다는 거였어요!"

남편이 이성적으로 설득을 하려 하자 아내는 더욱 열을 내며 이웃집 남자의 음흉한 계획을 늘어놓았다. 물론 말짱 헛소리였다. 진지하게 이혼을 고민하는 남편에게 나는 일단 '한술 더 뜨기' 요법을 써볼 것을 권했다.

다음 날, 아내의 편집증이 또 발동했다. 남편은 내 충고를 받아들여 아내보다 더 황당한 소리를 늘어놓기 시작했다.

"맞아. 그 집 여자는 더 이상해. 가만히 보니까 우리 집을 감시하는 것 같더라고. 보름달이 뜨는 밤에는 비둘기를 잡아서 피를 마실 거야. 틀림없다니까!"

정신이 똑바로 박힌 인간이라면 그런 말을 듣고 가만히 있을 리 만무하다. 아이러니하게도 바로 그 점이 이 요법의 포인트다.

이럴 때는 상대를 이성적인 인간으로 여겨서는 안 된다. 그들은 자신은 충분히 이성적인데 세상이 미쳤다고 생각한다. 그 믿음을 방해하지 마라. 오히려 그 믿음을 강화시켜주어야 한다.

편집증 아내는 남편의 비둘기 피 이야기를 가만히 듣고 있었다. 그녀의 얼굴에 뭔가 미심쩍다는 표정이 떠올랐다. 남편은 멈추지 않고 이웃집 여자의 호러 스토리를 한두 건 더 늘어놓았다. 그러자 아내가 말했다. "에이, 뻥치지 마! 그렇게 이상한 여자는 아니야. 당신 이야기 들으면 마녀라도 되는 것 같잖아." 이성적인 남편이 편집증 아내에게 편집증 환자로 몰리는 사태가 벌어진 것이다.

허나 이것은 이성적인 인간들이 마음의 평화를 얻기 위해 지불해야 할 대가에 불과하다. 남편은 즐거운 마음으로 그 대가를 지불했다. "저녁 내내 아내의 말도 안 되는 헛소리를 듣느니 차라리 제가 정신병 환자로 몰리는 편이 훨씬 낫더군요. 사실 아내도 심각한 편은 아닙니다. 일주일에 한 번 정도 증상이 도질 때를 제외하면 현명하고 똑똑한 여자예요."

메타커뮤니케이션: 직접적으로 질문하라

최근에 한 지인이 조언을 부탁했다. "이번 주말에 조카가 우리 집에 올 거예요. 제가 정말 예뻐하는 아이거든요. 그런데 이혼을 하고부터 애가 완전히 변했어요. 벌써 몇 달이 지났는데도 계속 하소연만 하는 거예요. 주말 내내 하소연만 듣고 있을 생각을 하니 벌써부터 머리가 아파요. 어떻게 하면 좋죠?"

우선 가장 쉽게 생각할 수 있는 것은 직접 말하는 방법이다. "섭섭하게 들릴지 모르겠지만 그 이야기는 그만했으면 좋겠어. 다른 이야기를 하면 안 될까?" 상사가 잔소리를 늘어놓을 때도 대놓고 말하면 된다. "죄송하지만 그 문제는 구체적인 수치가 나오고 나서 얘기 해도 될 것 같은데요." 물론 이 방법이 항상 통하는 건 아니다. 혹시 효과가 없다고 해도 일방적으로 당하기만 한다는 피해의식에서는 벗어날 수 있으니 정신건강에는 좋을 것이다.

한층 고차원적인 비언어적 방법

하지만 직접적인 대응은 최후의 방법이다. 그전에 비언어적 방법을 써보는 게 좋다. 내가 그 지인에게 권한 방법이기도 하다. 조카가 또 이혼 이야기를 꺼내거든 불만의 신호를 보내라는 것이었다. 이마를 찌푸리고 입을 꾹 다물고 팔짱을 끼고 지루한 표정으로 쳐다보고 중간중간 시선을 다른 곳으로 돌리고……. 특히 꼭 입을 다물고 있어야만 한다. 이 방법은 제법 잘 통한다. 상대가 그 신호를 알아차리지 못할 정도로 자기 말만 하는 데 정신이 팔려 있지만 않다면 말이다.

이 방법이 통하지 않는다면 그때는 직접적으로 말해야 한다. 단, 이때 '메타커뮤니케이션'을 사용하면 효과적이다. 메타커뮤니케이션이란 말 그대로 커뮤니케이션에 대한 커뮤니케이션이다. 앞서 소개한 조카의 경우 이모 입장에서는 이렇게 대꾸하는 것이다.

조카 : 전남편이 약속한 생활비를 줄일 방도가 없냐

고 변호사에게 문의를 했대요! 정말 나쁜 놈
이에요.

이모 : 아직도 전남편에게서 헤어나지 못하고 있구
나.

조카 : 당연하죠! 계속 날 괴롭히는데…….

이모 : 그 사람이 괴롭히면 너는 괴로워해야 하는 거
야? 칼자루는 그 사람이 쥐고 너는 그 사람 손
짓에 따라 움직이는 꼭두각시니?

조카 : 그건 아니에요. 그렇지는 않아요.

이모 : 그럼 왜 그 사람 행동 하나하나에 그렇게 민
감하게 반응하는 거야? 내 말 오해하지는 마.
내가 네 입장이라도 정말 화가 날 거야. 그렇
지만 조금 더 당당하게, 여유 있게 대처하는
게 좋지 않을까? 네가 이렇게 화내고 있는 걸
보면 그 사람만 좋지 않겠어?

물론 이 정도 수준의 메타커뮤니케이션을 구사하려면 상
당한 훈련과 노력이 필요하다. 하지만 원리는 지극히 간단하
고 명확하다. 공을 상대에게 되돌려주는 것, 다시 말해 상대
에게 어떤 상황이 되면 마음의 평화를 유지할 수 있겠느냐고

묻는 것이다.

한 회사 직원은 월요일 아침 미팅 때마다 팀장에게 혼이 났다. 어떻게 해도 결과는 마찬가지였다. 팀장의 눈에는 그의 모든 행동이 불만인 것만 같았다. 견디다 못한 그는 어느 금요일 저녁 팀장을 찾아가 물었다. "제가 다음 주 월요일 미팅 때 혼이 안 나려면 어떻게 해야 하겠습니까?" 팀장은 깜짝 놀라 웃었고, 주제를 다른 데로 돌리려고 했다. 하지만 직원은 고집을 꺾지 않았다. "팀장님, 저 진심입니다. 제가 어떻게 해야 할까요? 무슨 짓을 해도 소용없는 건가요? 다음 월요일에도, 그다음 월요일에도 저는 혼이 나야만 하나요?" 팀장은 자기가 언제 그랬느냐고 잠깐 화를 냈지만, 결국 잠시 후에는 "내가 보기에 자네가 일을 너무 제멋대로 하는 것 같아서 걱정이 된 것뿐이야."라고 털어놓았다.

그날의 대화는 유익하게 막을 내렸다. 향후 그 직원은 금요일 저녁마다 한 페이지 분량의 보고서를 제출하여 일주일의 업무를 보고했고, 덕분에 월요일 미팅의 잔소리는 절반으로 줄었다. 무엇보다 두 사람 모두 마음이 훨씬 편해졌다.

공격적인 침묵도
가능하다

모든 방법을 다 써봤는데도 상대가 말을 멈추지 않는다면? 그때는 그냥 당신이 침묵하라. 단, 권투선수처럼 공격적으로! 상대의 말을 그냥 '씹어라'. 뭐든 좋으니 다른 생각을 해서 당신 마음이 콩밭에 가 있다는 것을 상대가 눈치채게 만들어라. 상대가 어떤 말로 도발을 해와도 대꾸하지 마라. 한 마디 해주고 싶어 입이 근질근질해도 꾹 참아라. 상대가 상사라고 해서 쫄지 마라. 상사가 "왜 아무 말도 안 하지?"라고 묻거든 이렇게 대답하라. "제 생각에 필요한 말은 다 나온 것 같은데요. 이제 그만 일하러 갔으면 합니다." 앞의 이혼한 조카에게 써먹는다면 이렇게 될 것이다. "네 이혼 이야기라면 이미 충분히 한 것 같은데…… 이제 네 상황을 호전

시킬 방법을 찾아보는 게 어떨까?"

만약 이보다 덜 과격하고 상대의 기분을 덜 상하게 하고 싶다면 다음의 방법들도 있다.

큰 소리로, 똑 부러지게 상대의 이름을 불러라

"수잔, 수잔. 그만! 이제 다른 이야기를 하자." 이름을 부르는 것은 효과가 뛰어난 신호음을 보내는 행위와 같다. 누구나 자기 이름을 들으면 반응하게 되어 있다. 수다의 쓰나미가 몰려올 때 이름을 부르는 것만으로도 상대는 멈칫하고 입을 다물게 된다.

수다의 강물을 자주 끊어 시냇물로 만들어라

상대의 말을 가로채 중단시키는 방법도 있다.

부장 : 다음번 상품 공급 때는 물류센터와 기일을 맞춰서…….

짜증난 직원이 속으로 생각한다. '다 아는 소리잖아!' 그렇지만 이렇게 말한다.

직원 : 이미 맞췄습니다.

부장 : 그래? 에…… 그럼 저쪽 회사 관리부서와도 기
일을 맞춰서…….

직원 : 그건 영업부에서 처리한다고 했습니다.

부장 : 아, 그래? 에…… 또 뭐가 남았지?

직원 : 끝난 것 같은데요.

부장 : 그래? 잘됐군. 그럼 끝내지!

그날 직원은 상사의 '시간낭비 테러'를 사분의 일로 줄였
다고 한다.

상대가 말을 계속 자른다고 화를 낼 수도 있다. 특히 고지
식하고 보수적인 사람일수록 그럴 가능성이 높다. 그럴 때를
대비해 유머라는 것이 있다. "아, 죄송합니다. 제 의견에 관심
이 있는 줄 알았습니다. 그럼 하던 말씀 마저 하시지요." 그 자
리에 있는 모든 사람은 당신 말의 숨은 뜻을 간파할 것이다.
당신은 다시 묵묵히 상대의 말을 듣는 척하면서 딴청을 피우
면 된다.

질문을 던지는 쪽이
주도권을 갖는다

대화의 진행자가 되는 편이 끌려가는 것보다 낫다. 대화의 강물에 운하를 놓아 대화를 주도해 원하는 방향으로 이끄는 것이다.

대화의 강물에 운하를 건설하라!

아버지의 회사를 물려받은 딸이 있었다. 그런데 아버지는 회사를 물려주고도 여전히 딸을 믿지 못해 사사건건 간섭을 해댔다. 딸은 힘들어 죽을 지경이었다.

어느 날, 딸이 아버지에게 말했다. "아버지, 충고나 조언을 해주시면 뭐든 다 듣겠어요. 아버지 조언은 유익하니까요. 하지만 비난이나 혼내는 건 싫어요. 제 잘못을 지적하거나 야단치지 마세요. 그런 건 말씀 안 하셔도 잘 아니까요. 그러니까 어떻게 하면 더 잘할 수 있는지만 말씀해주세요." 아버지는 딸의 말에 무척 찔렸다고 했다.

비판은 쉽다. 하지만 건설적인 해결책을 제시하는 건 어렵다. 현명한 딸은 바로 이런 방향으로 대화를 이끌었다. 그 결과, 아버지와 딸의 대화는 더 화기애애하고 유익해졌다.

질문을 던지는 쪽이 주도권을 쥔다

"그렇게 쫀쫀하게 굴지 마!" 보통 사람들은 이런 방식으로 주도권을 쥐고 진행자가 되려 한다. 하지만 유능한 진행자는 이렇게 말한다. "어떻게 하면 나에게 더 여지를 줄 수 있겠어?" 이 문장의 핵심은 바로 '질문'이다.

"그 문제를 꼭 지금 밝혀야 할까요?" "오늘 저녁에 이야기할 수 있을까요?" "방금 말씀하신 내용을 구체적인 수치로 뒷받침해주시겠습니까?" 대화를 주도하는 진행용 질문은 차고 넘친다. 그러니 외울 수도, 그럴 필요도 없다. 진행용 질문은 외워서 써먹는 게 아니라 각 상황에 맞추어 바꾸어야 한다. 그러려면 원리를 터득하는 것이 중요하다. 말은 수다를 늘리고 질문은 수다를 줄인다는 사실을 명심하자.

어떤 기업 이사가 자신의 사례를 이야기해주었다. "예전에는 부하직원들에게 한 시간씩 훈계했어요. 내 말을 절반이나 알아들었을까 노심초사하면서 말이지요. 그런데 요즘에는 주로 질문을 던집니다. 그랬더니 시간은 절반밖에 안 걸리는데 부하직원들이 훨씬 더 잘 알아듣더군요. 예전에는 왜 그리 기운을 뺀 건지……"

앞의 조카를 예로 들어보자. 그녀에게 어떻게 지내냐고 물으면 어떤 일이 일어날까? 맞다. 그녀는 다시 끝도 없이 이혼 이야기를 늘어놓을 것이다. 그녀가 수다쟁이인 탓도 있겠지만, 질문을 잘못한 탓이기도 하다.

대화를 원하는 방향으로 이끌고 싶다면 그에 맞는 질문을 던져야 한다. 예를 들어 "힘든 시간을 무사히 견뎌냈는데, 요즘에는 무슨 생각하고 지내니?"라고 묻는다. '힘든 시간을 견뎌냈는데'라는 말에 이미 대화의 방향이 함축되어 있다. 즉, "힘든 시간이 다 지났구나. 이제 하소연은 접어두고 앞을 봐야지."로 이 질문의 메시지를 요약할 수 있다. 나아가 이모의 따뜻한 마음까지 담겨 있다. "난 네 행복한 모습을 보고 싶구나. 넌 나에게 소중한 아이니까. 그러니 우리 앞으로 더 잘할 수 있는 방법을 찾아보자꾸나."

이처럼 수다쟁이의 입을 틀어막는 데도 관심과 애정이 중요하다. 상대의 관심과 동기, 욕구를 대화에 반영한다면 양쪽 모두가 만족하는 대화의 길이 열릴 것이다. 도랑 치고 가재 잡고, 님도 보고 뽕도 따는 격. 상대도 만족하고 당신도 평화를 되찾는다.

우리는 말도 많고 탈도 많은 시끄러운 세상 속에 살고 있다. 하지만 노력하면 침묵의 오아시스를 만들 수 있다. 절반의 말로 두 배의 의미를 전달하는 세상을 만들 수 있다면 삶이 한층 평화로워질 것이다.

침묵수업 8

소음에 참지 않고 제대로 저항하기

- 소음을 참지 말고 저항하라. 단, 지능적으로.

- 상대가 말을 끊지 않는 이유를 파악하여 그 욕구를 만족시켜줘라. 욕구가 만족되면 알아서 입을 다문다. 관심과 인정과 동의를 선사하라.

- 때로는 역공을 가해라. 상대의 이름을 불러라. 상대의 말을 중단시켜라.

- 대화가 원하는 방향으로 흐르도록 진행자가 되어라. 질문을 통해 주도권을 가져와 대화를 원하는 방향으로 이끌어라.

9장

고요한
관조의 힘

"만약 어떤 것이 옳지 않다면, 행하지 마라.
만약 어떤 것이 진실이 아니라면, 말하지 마라."

- 마르쿠스 아우렐리우스, 로마의 16대 황제

Schweigen

지속적으로
자신을 과도하게
몰아붙이는 사람들

"요즘 어떻게 지내나요?" 그냥 하는 인사가 아니다. 진심으로 묻는 것이다. 당신은 낮에, 일을 하는 동안, 퇴근한 후 기분이 어떤가? 내 질문이 진심이라는 것을 알면 아마 이런 의미의 대답들을 할 것이다. "스트레스죠. 뭐, 사는 게 다 그런 거 아니겠어요?" 이렇게 대답하는 사람도 있을 것이다. "정말 지쳤어요. 넉다운! 완전히 번아웃이에요." 관리자들 중에는 이런 대답도 나올 수 있다. "주말에 쉰다고 쉬는데 도무지 충전이 안 되네요. 좀 더 쉬어야 할 것 같아요."

이런 사람들을 위해 시간을 내 멀리 여행을 가지 않더라도 기운을 차릴 수 있는 방법을 알려주겠다. 간단하다. 자신에게 질문하고, 생각해보는 것이다. 질문은 다음과 같다.

마지막으로 기분이 좋았던 적은 언제였나? 힘이 솟고 에너지가 넘치고 푹 쉰 것처럼 활력이 돌고 무엇이든 해낼 수 있을 것 같은 기분이 든 때는? 다시 그런 기분을 느껴보고 싶지 않은가?

자, 이제 다시 한번 그 기분을 느껴보자. 숨을 크게 들이마시고, 잠시 멈추었다가 다시 내쉬어보자.

되돌아온 기운을 몸으로 느껴라

그저 이렇게 스스로 질문을 하고, 생각을 하고, 깊게 호흡을 하고, 침묵하고, 조용히 상상하는 것만으로도 마음이 개운해지고 기운이 돌아오기도 한다. 대부분의 사람들은 이런 간단한 행동만으로도 혈압이 떨어지고 스트레스 호르몬이 줄어 기분이 좋아진다. 스트레스가 너무 심각해 아무것도 느낄 수 없을 지경만 아니라면 말이다. 당신은 걱정하지 않아도 된다. 책을 읽을 정도의 여유가 있다는 것은 아직 그 지경까지 가지는 않았다는 뜻이니까.

당신은 책을 읽을 수 있을 정도고, 방금 짧은 훈련도 마쳤다. 아마도 조금이나마 기운을 되찾았을 것이다. 그 사실을 몸으로 느끼고, 머리로도 생각하지 않았는가? 그 기운은 생각과 느낌으로 가득한 고요에서, 바로 당신 자신에게서 온 것이다.

그런데 우리는 휴식을 며칠의 휴가에 떠넘긴다. 그리고 그것이 문제라고 느끼지 못한다. 인생은 원래 그런 거니까? 아니, 이건 병이다. 스트레스가 아니라 우리의 마음가짐이 우리를 병들게 한다. 자기보존욕구가 있는 사람이라면 스트레스를 당연하고 변치 않는, 원래 그런 것으로 받아들이지 않는다. 이들은 두뇌의 스위치를 다시 켜고 스스로에게 물을 것이다. 스트레스가 힘을 앗아간다면 어떻게 다시 그 힘을 되찾지? 이 질문에 관심이 생겼다면 아직 희망이 있다.

휴가가 배터리를 충전해주기는커녕
오히려 방전시키는 이유

멜린다는 많은 것을 이루었다. 글로벌 기업의 지사장으로, 유능한 남편과 대학생인 두 아이가 있고, 멋진 집과 4대의 자동차가 있다. 나는 그녀의 에너지에 감탄한다. 멜린다는 동료들보다 훨씬 많은 프로젝트를 진행하고 온갖 모임과 가족 행사를 도맡는다. 지금보다 더 큰 집으로 이사 갈 계획도 세웠다.

얼마 전, 나는 그녀에게 이런 감탄을 그대로 전했다. 그러자 그녀는 깊게 한숨을 내쉬더니 말했다. "요즘은 다 스트레스예요. 좀 쉬고 싶은데……. 하긴, 얼마 안 있으면 휴가 가요.”

그녀는 휴가 때 유럽 여행을 간다고 했다. 14일 동안 18개 국을 돌 예정이다. 계속 짐을 싸고 또 차를 갈아타면서 리스본에서 슬로베니아의 루블라냐까지, 숨 쉴 틈도 없이 볼거리를 찾아 다닐 것이라고 했다.

나는 그 이야기를 듣고 질려버렸다. 정말 그런 것이 휴식이 될 수 있단 말인가? 물론 사람은 모두 다르다. 내향적인 사람에게는 혼자 조용히 책을 읽거나 텃밭을 가꾸거나 취미 생활을 하는 것이 휴식이다. 혼자 있어도 전혀 외롭지 않고, 오히려 긴장이 풀린다. 반면 사람들과 같이 있으면 어딘가 불편하고 금세 방전된다. 전 세계 인구의 약 30%인 이런 내향적인 사람에게는 외향적인 '파티 피플'의 휴가 방식이 오히려 스트레스가 된다.

휴가 스트레스!

멜린다는 누가 봐도 외향적인 성격이어서 내향적인 사람들이 '휴가 스트레스'라 부르는 것이 그녀에게는 휴식일지도 모른다. 그러나 나는 오래 전부터 그게 정말 휴식이 맞을지 궁금했다.

술집에서, 클럽에서, 헬스장에서, 스마트폰을 들여다보거나 축구 경기를 관람하면서 정말로 푹 쉴 수 있는 걸까? 질문의 대답은 멜린다의 건강상태가 대신 해주었다. 멜린다는 벌써 10년째 면역제와 염증 억제제를 먹고 있다. 35살부터 퇴행성관절염을 앓았기 때문이다. 그녀의 지인인 한 의사는 '전형적인 스트레스 증후군'이라고 말했다. 게다가 멜린다는 감기를 달고 살며, 힘줄을 다쳐서 어깨 수술을 했다. 물리치료만으로도 충분했지만, 시간이 부족해 그냥 수술을 해버렸다. 사실 부족했던 것은 시간이 아니라 인내심이었을 것이다. 주위 사람들이 성공 모델로 여기는 멜린다는 사실 성공 모델이 아니었다. 그 사실을 알고 나는 크게 실망했다.

다람쥐 쳇바퀴에는 행복이 없다. 부산하고 분주한 삶은 결코 행복과 에너지를 주지 못한다. 그렇게 살다가는 언젠가 쓰러지거나 술독에 빠져든다. 하루 12시간을 쉬지 않고 일하고 6시간만 자고도 불사신처럼 벌떡 일어나서 활기차게 하루를 시작할 수 있다면 얼마나 좋을까? 그러나 우리 모두는 안다. 누구도 그럴 수 없다는 것을……. 이런 삶에는 대가가 따른다. 폭음한 다음 날 숙취로 대가를 치르듯이.

우리는 지속적으로 자신을 과도하게 몰아붙인다. 우리의

휴식은 휴식이 아니다. 우리는 가만히 멈추지를 못하고, 자신에게 고요와 침묵을 허락하지 않는다. 대부분의 사람들은 평생 이 사실을 깨닫지도 못한다. 심장 발작이 세 번이나 찾아와도 말이다.

다행히도 침묵이 대화 기법에 불과하고 고요가 소음의 부재일 뿐이라 여겼다면 당신은 여기까지 읽지도 않았을 것이다. 여기까지 읽었다면 당신은 그보다 더 큰 무엇을 느꼈을 것이다. 당신은 지금 침묵에 대해, 고요에 대해 이야기하는 책을 읽는 중이다. 미친 듯 앞만 보고 달리는 이 시대에 얼마나 미친 짓인가? 책 하나를 골라도 효율과 성과를 따지는 이런 시대에 말이다.

이제 고요의 힘을 깨달았다면 그 힘을 되찾아서 활용해보자. 엄청난 변화가 필요한 것은 아니다. 고요는 작은 보폭으로 다가온다.

한 경영자가 이런 말을 했다. "예전에는 하루하루가 너무 정신없었습니다. 그런데도 어쩔 수 없다고 여기고 그냥 살았죠. 그런데 문득 나부터 변해보자는 생각이 들었습니다. 그래서 회의 때마다 잠깐이라도 고요의 시간을 마련해보기로 했습니다."

이전에는 회의가 시작되자마자 바로 안건을 올리고 토론을 시작했는데, 이제 먼저 1분 동안 명상의 시간을 갖는다. 그의 제안 덕에 사람들은 회의에 앞서 긴장을 풀고 마음을 가라앉혀 스트레스를 털어냈다.

그가 이런 제안을 한 것은 인류애 때문이 아니라 그저 그가 유능한 사업가이기 때문이다. "그날 이후 우리 미팅은 분위기도 훨씬 좋아졌고 결과도 더 생산적이 됐습니다. 다툼이 줄었고 삼천포로 빠지는 일도 없었죠." 이것이 고요의 힘이다.

이 경영자는 미팅 분위기가 격해질 때도 잠시 침묵의 시간을 청한다. "아, 좋아요. 이쯤에서 잠시 쉬어가도록 합시다. 잠시 회의는 잊고 마음을 가라앉힙시다." 이 방법은 언제나 효과 만점이다. 잠깐 조용히 생각하는 시간을 갖는 것이 허겁지겁 안건들을 쫓아가는 것보다 훨씬 낫다. 참석자들도 모두 효과를 인정한다.

"사실 처음에는 마뜩찮아 하는 참석자들도 있었어요. 설득하기가 꽤 힘들었습니다." 아드레날린 중독자들은 피에 굶주린 흡혈귀처럼 일단 스트레스 냄새를 맡았다 하면 흥분해서 날뛰기 마련이다. 그러니 고요니 뭐니 떠드는 인간들이 못마땅할 것이다. "명상이라고요? 한시가 급한데 무슨 시간

낭비를 하는 겁니까?" 스트레스는 중독이다. 스트레스 중독
자는 그런 막말을 일삼는다. 하지만 이미 결과에서 나오지
않았는가? 1분 투자로 한 시간의 회의를 효율적으로 바꾸고
직원들 간의 관계까지 좋아졌으니 말이다.

시끄러운 가운데
고요하게

우리는 고요를 두려워하고 무시한다. 세계 모든 종교에서 그토록 중요하게 생각하는 고요를 말이다. 참 이상한 일이 아닐 수 없다.

명상의 침묵

거의 모든 종교에는 나름의 명상법이 있고 침묵의 의식이 있다. 그리고 모든 종교는 그 침묵의 시간을 더 높은 힘과 직접 접촉하는 시간으로 본다. 침묵은 지고의 존재에게로 가는 직접적이며 가장 쉬운 길이고, 명상은 침묵을 만나는 가장 효과적인 방법이다.

종교가 있건 없건 상관없다. 종교의 명상법이건 일반적인 명상법이건 명상의 결과는 항상 놀랍다. 평소 명상을 하는 사람은 명상을 하지 않을 때에도 혈압이 낮고, 긴장을 덜하며, 심근경색 위험이 절반으로 떨어진다. 혈액검사 결과도 더 좋다. 미국에는 의학으로 치료가 불가능한 말기 암 환자들을 명상만으로 치료하는 병원이 있다. 이 환자들이 건강해지는 것은 현대식 치료나 약이 아닌 하루 20분의 명상과 침묵 덕분이다.

시끄러운 가운데 고요하게

기차나 자동차 안에서도 우리는 언제든 고요를 즐길 수 있다. 왁자지껄한 사무실에서도 마찬가지다. 진짜 고요는 소음의 유무와 관계없이 집중만 할 수 있다면 언제 어디서나 끌어낼 수 있기 때문이다.

한번은 아는 회사 직원이 자기는 한 시간에 1분씩 고요를 즐긴다고 했다. 그녀가 일하는 대형 사무실은 하루 종일 사람 소리가 끊이질 않기 때문에 나는 그녀에게 회사에 어디 남모르는 조용한 장소가 있느냐고 물었다. 그녀는 웃으며 말했다. "아니요. 아무리 찾아도 그런 곳은 없더라고요. 그래서 그냥 생각을 바꾸었어요. 그랬더니 주변이 조용한지는 중요한 게 아니더라고요. 저만 고요하면 되니까요." 그녀는 한 시간에 1분씩 자판을 옆으로 밀고 고개를 들어 창밖을 내다보며 주변의 소음들을 의식적으로 인식한다. "그럼 매번 콘센트에 충전기를 꽂은 것처럼 에너지가 가득 충전되는 기분이 들어요."

이게 바로 시끄러운 가운데에서도 고요를 누리는 비결이다. 아주 간단하다. 우선 당장 모든 것을 느껴보자. 당신의 손, 발, 호흡, 생각, 느낌을 그리고 소음을⋯⋯.

내게 고요한 마음의 힘을 가장 확실하게 보여준 사람은 작은 마을금고의 여성 지점장이다. 2008년 미국 리먼브라더스 사태가 터졌을 때, 전화통은 불이 나고 돈을 찾으러 온 고객들이 줄을 섰으며, 들려오는 뉴스마다 하늘이 무너지는 소식이었다. 그런데도 그녀는 차분한 표정으로 천천히 사무실을 빙빙 돌았다. 답답해진 내가 한마디 하려는 찰나, 그녀가 놀란 표정으로 나를 보더니 머리를 쓸어 올리면서 웃었다. "아, 스트레스가 너무 심하면 이래요." 그 순간, 그녀에게서 스트레스가 뚝 떨어졌다. 물론 5초도 못 가 다시 분주한 업무가 밀려들었지만, 그녀는 더 이상 일에 매몰되지 않았다. 그 몇 초의 고요에서 그녀는 분주함의 실체를 파악했고, 족쇄를 벗겨냈다.

도주와 전투

스트레스에 대한 보통의 반응은 도주 아니면 전투다. 스트레스를 받으면 우리는 더 빨리, 더 집중해서 일을 한다. 아니면 부담스러운 상황을 피하기 위해 달아난다. 그런데 그 지점장은 달랐다. 도망을 치지도, 일에 매몰되지도 않았다. 한순간 생각을 멈추고 사무실을 거닐면서 스트레스를 똑바로 들여다봤다. 무엇이 자신을 채근하고 등을 떠미는지 깨달았고, 그것에서 해방됐다.

온갖 핑계를 대며 고요를 거부하는 사람들이 들이미는 가장 흔한 이유가 바로 "명상을 하면 나쁜 생각이 더 많이 들어요"다. 그러나 그 지점장은 그런 나쁜 생각들을 인정하고 받아들였다. "지금 한심한 생각을 하고 있었어요. 우리 금고가 파산을 한다. 나도 어쩌지 못한다고요." 그녀도 그런 암울한 생각을 했다. 다만 그녀는 그런 생각에서 도망을 치거나 맞서 싸우려 하지 않고 그런 불쾌한 생각과 느낌을 받아들이고 인정한 것이다.

스트레스에서 도주하거나 맞서 싸우지 않고 그대로 받아들이고 인정함으로써 자신을 한층 평화롭고 활력 넘치게 하는 방법은 간단하지만 매우 효과적이다.

일단 그냥 멈춰보자. 내가 잘하고 있는 것인지 의심이 들어도 일단 멈춘다. 책 읽기를 멈춰도 좋으니까 고개를 들고 숨을 들이마셨다가 내쉬어보자. 혹시 '나쁜' 생각과 느낌이 치밀어 오르는가? 그냥 내버려둬라. 그리고 자신에게 정직하게 말해보자.

"그래, 정말 불쾌해. 그래도 그냥 내버려둘래." 무슨 일이 일어나는가?

미쳐 날뛰는 상사에게서 힘을 끌어낸다고?

스베틀라냐의 상사는 다혈질이다. 참다못한 그녀가 사표를 내려던 찰나, 상사가 또 한 번 폭발했다. 하지만 어차피 사표를 낼 생각이었으니 이번에는 그러려니 했다. 지랄을 하건 말건 그냥 가만히 지켜보았다. "그동안은 몰랐는데 상사가 난리를 피울 때 콧구멍이 벌렁벌렁하고 목에 핏대도 서더라고요. 웃기기도 하고, 사실 별말도 아닌데 내가 왜 그동안 그렇게 예민하게 반응했나 하는 생각이 들었어요." 한참 후, 드디어 상사의 발작이 멎자 스베틀라냐는 머리가 하나도 아프지 않다는 사실에 깜짝 놀랐다. "평소 같으면 머리가 깨지고 토할 것 같았을 거예요." 사표를 던질 생각에 무의식적으로 거리를 뒀더니 평화가 찾아온 것이다. 상황을 받아들이고 정확히 인식하니 두통이 사라진 것은 물론이고 기분이 상쾌해지고 힘이 솟았다. 그녀도 이해할 수 없었다. 발작하는 상사가 오아시스란 말인가? 언제부터? 그녀는 당분간 사표를 내지 않기로 마음먹었다. 그리고 이제 상사가 발작을 하면 의식적으로 그 상황을 받아들이고 지켜보기로 결심했다. 마음을 바꾸고 나니 놀랍게도 상사의 발작이 아무렇지도 않았다.

이것이 헤르만 헤세가 말한 '고요한 관조'의 힘이다. 물론 헤세가 관조의 발명자는 아니다. 도교나 선불교 같은 동양의 명상법은 평가와 판단에서 벗어나 모든 것을 허용하는 현실 관찰에 기초를 둔다.

달라이 라마는 이런 고요한 관찰의 대가大家다. 그래서 그는 항상 기분이 좋다. 연기가 아니다. 그의 미소는 의식적 관찰의 유쾌한 부작용이다. 다른 사람들은 스트레스를 받을 상황도 가치판단을 하지 않는 관찰자에게는 재미있게 보일 수 있다. 스트레스를 받으면 힘이 들지만 마음을 모으면 힘이 돌아온다. 그러나 잊지 말아야 한다. 달라이 라마는 관찰하는 세상을 조롱하지 않는다. 그의 관찰은 명랑하지만 무심하지 않은 평정심이다.

쉬지 못하는 인생

예전에는 해가 뜨면 일하고 해가 지면 쉴 수밖에 없었다. 강요된 리듬이었지만 그 덕분에 일과 휴식을 건강하게 조율할 수 있었다. 그러나 요즘은 다르다. 심지어 밥 먹을 시간도 없어 샌드위치로 대충 때우며 컴퓨터 앞을 떠나지 못한다. 현대판 노예들은 휴식은 꿈도 꾸지 못하고 일과 휴식의 리듬을 완전히 까먹는다.

세상이 쉬지 않고 스트레스를 준다면 우리 스스로 쉼표를 찍고 일과 휴식의 리듬을 정해야 한다. 세상의 리듬이 건강을 해치는데 그 리듬에 맞추어 자신을 망가뜨려서야 되겠는가?

휴식조차 이렇게 세상의 리듬에 맞추다 보니 쉬어도 도무지 쉰 것 같지가 않다. 휴식이 너무 짧았던 것만 같다. 틀렸다! '길지' 않은 것이 아니라 '깊지' 않았던 것이다. 담배를 피우거나 커피를 마시면서 수다를 떨고 인터넷 서핑을 하는 것은 고요한 휴식이 아니기에 힘을 주지 못한다. 휴식 속에 힘이 있는 것이 아니라 고요 속에 힘이 있다.

지혜의 힘은
소란함이 아니라
고요에서 온다

사람들은 고요와 적막, 심지어 휴식조차 사치라 여긴다. 그래서 "좀 정리가 되고 조용해지면 그때 쉬지 뭐."라고 말한다. 하지만 그럼 너무 늦는다. 순서가 바뀐 것이다. 아무리 바빠도 규칙적으로 쉼표를 찍어야 고요와 안정을 찾을 수 있다. 하지만 설사 이 사실을 안다 해도 실천에 옮기기란 쉽지 않다.

병원 대기실에서 치료를?

그날도 병원에는 환자가 많았다. 보아하니 한참 기다려야 할 것 같아서 나는 시사 주간지 「슈피겔」을 찾았다. 탁자에도 없고 잡지 보관대에도 없어서 대기실 안을 빙 둘러보았다.

대기실에는 나를 포함해서 8명의 환자가 기다리고 있었다. 대부분은 잡지를 보거나 스마트폰을 보고 있었는데, 슈퍼겔지를 읽는 사람은 없었다. 어떤 인간이 읽고 아무 데나 던져놨구나 싶어서 짜증이 나려던 순간, 한 여성 환자가 눈에 들어왔다.

그녀는 아무것도 읽지 않았다. 근심어린 표정으로 바닥을 뚫어져라 보고 있지도 않았다. 엄밀히 말하면 아무것도 하지 않았다.

그냥 등을 곧추세우고 턱을 살짝 치켜들고 손을 모아 무릎에 내려놓은 채 미소를 머금고 가만히 앉아 있었다.

한참을 망설이다가 용기를 내서 왜 그러고 있느냐고 물었다. 그러자 그녀는 이렇게 대답했다. "한 몇 분만 이렇게 아무것도 안 하고 있으면 참 좋아요. 그냥 가만히 앉아 있으면요. 이 병원은 올 때마다 환자가 많아서 감사하죠." 이 방법의 유일한 단점은 대기실에서 기다리는 동안 혈압과 맥박이 안정적이 되어서 담당 의사가 깜짝 놀란다는 것이다.

그녀의 말을 들으면서 처음으로 든 생각은 '왜 여기서 이 사람만 고요할까?'였다. 다른 사람들은 대기실에 들어오자마자 중독자처럼 잡지나 스마트폰을 들여다봤다. 사실 정말 중독이 맞다. 유흥에 중독된 것이다. 그래서 다들 충전이 절반밖에 안 된 상태로 이를 악물고 하루를 버틴다. 문제는 대기시간이 길어질 때다. 비즈니스 정장을 빼입은 한 여성이 잡지를 내려놓으며 짜증스러운 표정으로 시계를 쳐다보더니 누군가와 통화를 한다. "여기는 정말 대기시간이 너무 길다니까. 가뜩이나 바빠 죽겠는데……" 그녀에게는 자신 앞에 앉아 명상에 잠긴 여성이 눈에 들어오지 않을 것이다. 대기시간을 마음을 가다듬는 시간으로 활용하자는 생각도 해본 적이 없을 것이다. 에너지 창고가 코앞에 있는데도 알아보지 못하는 것이다. 세상에나!

고요를 찾아야 하는 순간들

"얼마나 자주 고요를 찾아야 하나요?" 이렇게 묻는 사람이 많다. 좋은 질문이다. 나의 대답은 이렇다.

- 최대한, 자주 기회가 될 때마다, 기회가 워낙 적으니 기회가 된다면 언제라도.
- 필요하면 언제든지. 물론 필요해지기 전이라면 더 좋다.
- 큰일을 앞뒀을 때.

- 불만이 있거나 스트레스를 받았을 때.
- 유흥을 즐기고 싶을 때. 이때 특히 고요가 필요하다. 유흥을 찾는다는 것 자체가 고요가 필요하다는 증거다.

배구에서는 8초 안에 서브를 넣어야 한다. 8초는 생각보다 긴 시간이다. 그런데 초보 선수들은 이 시간을 정신 집중에 활용하지 못하고 공을 던지기에 바빠 허둥대다가 냅다 네트에 꽂기 일쑤다. 반면 경험 많은 선수들은 이 시간을 제대로 활용한다. 1초 더 집중할 때마다 스피드와 정확성도 따라서 오른다는 것을 잘 알기 때문이다.

세계적인 운동선수들은 도전에 앞서 한참 동안 말없이 서 있는 경우가 많다. 특히 알파인 스키 선수들은 규정상 10분 이상 서 있어야 할 때도 있다. 그 시간 동안 그들은 말없이 고요의 세계로 들어가 정신을 가다듬는다. 세계적인 운동선수들이 사용하는 방법이라면 분명 효과가 있는 것 아닐까?

정신을 가다듬을 시간

세미나에서 "입을 다물고 정신을 가다듬을 수 있는 때가 언제일까요?" 하고 물으면 대부분의 참석자들은 "지금껏 그런 생각을 한 번도 해본 적이 없어요"라며 놀란다. 하지만 일단 한번 생각해보면 멋진 아이디어가 샘솟을 것이다. 아래에 몇 가지를 제시해보았다.

- 엘리베이터에서. 스마트폰을 들여다보지 말고 마음을 집중하라.
- 마트 계산대에서 줄 서 있을 때.
- 신호등에서 대기할 때.
- 컴퓨터 부팅할 때.
- 자동차 시동을 켜기 전에. 스트레스를 가득 안은 채 도로로 나가는 것은 위험하다.
- 컴퓨터를 끄고 자리에서 일어나기 전. 직장에서 생긴 스트레스는 직장에 두고 가자.
- 회의 시간, 상사가 잔소리를 늘어놓을 때.

이렇듯 고요와 침묵의 충전소는 어디에나 있다. 하소연을 늘어놔봐야 마음은 더 무거워질 뿐이다.

프랑크는 스트레스가 이만저만이 아니다. 그의 부서가 조직개편을 앞두고 있기 때문이다. 어쩌면 부서 통폐합을 하게 될 수도 있다. 몇 주 전부터 회사에서는 온통 그 이야기뿐이라 듣고 싶지 않은 소식까지 들려온다. 프랑크는 어찌나 괴롭고 힘들었는지 입만 열었다 하면 하소연을 해댔다. 하지만 아무리 봐도 그의 마음은 조금도 가벼워지지 않는 것 같았다. 그랬다면 벌써 몇 주나 그 이야기만 늘어놓지는 않았을 테니까. 뭐가 잘못된 것일까?

처음에는 하소연이 효과가 있을지도 모른다. "우리 사장이 또 미쳤어!" 그렇게 뒤에서 퍼붓고 나면 잠시 마음이 풀리고 기분이 나아진다. 하지만 같은 말을 한바탕 더 하면 처음과 같은 효과가 나타나지 않는다. 오히려 비참한 마음이 들기도 한다.

내 컨설팅 고객 중에도 입만 열면 하소연을 늘어놓는 사람들이 있다. 그럴 때면 나는 그들에게 그들이 피하고 싶어하는 그 일을 시킨다. 바로 입을 닫고 고통을 참는 일이다. 나는 그들에게 말한다. "네, 이제 문제가 뭔지 알았어요. 그러니 더 이상 말은 할 필요 없어요. 지금 처한 고통스러운 상황을 그냥 관찰하세요. 아무 말도 하지 말고, 한탄도, 평가도 없이 그냥 지켜보세요." 물론 그렇게 하면 마음이 아플 것이다. 그러느니 차라리 망치로 엄지손가락을 찧는 편이 낫겠다고 생각할 수도 있다.

그러나 그들이 하소연을 하는 이유는 고통을 '참을 수 없어서'가 아니라 '참기 싫어서'다. 자신은 참을 수 없다고 생각하지만, 그건 자신을 너무 과소평가하는 것이다. 그 정도 고통은 충분히 참을 수 있다는 것을, 아무리 극심한 고통도 언젠가는 깨끗하게 사라진다는 것을 깨닫고 나면 고통에 맞설 수 있다. 그리고 그렇게 맞서다보면 그토록 바라던 대로 마음이 한결 가벼워진다. 정말로 한순간만 입을 다물고 고통을 참고 견뎌냈다면 말이다.

영화에서 지혜로운 노인들이 과묵한 것도 다 그런 이유다. 시나리오 작가들도 알고 있는 것이다. 지혜와 힘은 소란함이 아니라 고요에서 온다는 것을……. 그러나 영화감독들이 한 가지 놓친 것이 있다. 과묵한 지혜가 꼭 나이 때문에 생겨나는 것은 아니라는 점이다. 나이와 관계없이 남들이 떠들 때 입을 다물 줄 아는 사람은 지혜를 얻을 수 있다.

직관의 목소리에
귀를 기울여라

상사가 나를 부른다면? 이때도 잠깐 멈춤이 필요하다. 상사의 말이 떨어지기가 무섭게 바로 대답을 하면 반드시 후회를 하게 된다. 상대가 꼭 상사가 아니라 그 누구라도, 특히 스트레스를 왕창 받은 상황에서는 즉시 대답하기보다 잠시 멈추어야 한다. 그러지 않으면 반드시 한심한 대답을 하게 되고, 돌아서서 곧바로 후회할 것이다.

중요한 결정 앞에서는 잠깐 멈춤

무언가를 살 때도, 심지어 결혼을 결정할 때도 잠깐 멈춤이 필요하다.

판매직원이 상품을 추천하고 당신이 이런저런 질문을 던지다보면 구매를 결정해야 할 시점이 온다. 살 것인가, 말 것인가? 내 경험상 판매직원과 이야기를 나눈 후 곧바로 결정을 내리면 인지부조화를 경험하게 될 가능성이 높다. 사고 나서 후회할 가능성이 높다는 뜻이다. 집에 돌아와서 "아, 사지 말걸" 하고 후회한다.

인간은 이성적인 동물이지만 뇌과학 연구 결과를 보면 이성은 우리의 최고 강점이 아니다. 우리에게는 이성보다 훨씬 더 강력한 측면이 있는 것이다.

인간의 최고 강점, 직관

MRI 덕분에 우리는 한창 열심히 일할 때의 뇌를 볼 수 있게 됐고, 여기서 여러 가지 새로운 사실을 알게 됐다. 이를테면 인간은 이성을 담당하는 뇌부위가 활성화되기도 전에 '이성적인' 선택을 한다. 무슨 말이냐고? 그러니까 이성은 아무 것도 결정하지 않는다는 소리다. 결정은 직관이 한다. 이성은 직관이 내린 결정을 나중에 정당화할 뿐이다. 그러니까 우리의 이성은 행위가 끝난 후 그 행위를 정당화하는 도구에 불과한 것이다.

하지만 직관이 나쁜 것은 아니다. 세계 유수의 글로벌 기업의 창업자나 CEO들도 직관적으로 판단하고 결정한다. 회사의 사활이 걸린, 수만 명 직원들의 생계가 달린 결정을 '직관'을 통해서 해낸다. 직관은 제대로 발달시키고 제대로 사용할 수만 있다면 이성보다도 훨씬 빠르고 정확한 판단을 내려주기도 하는 것이다.

그런데 직관이 이렇게 유익한 것이면 왜 우리는 직관을 자주 활용하지 않는 것일까? 그 이유 역시 침묵과 관련이 있다.

우선 직관을 깨우려면 입을 다물어야 한다. 단 몇 초라도 조용해야 한다. 나와 함께 일하는 판매왕, 구매왕, 협상의 달인들은 다들 그렇게 한다. 할 말이 다 끝나도 바로 결정을 내리지 않는다. 잠깐 행동을 멈추고 입을 다문 채 마음의 소리에 귀를 기울인 다음에야 결정을 내린다.

물론 모든 일을 직관대로 해야 한다는 뜻은 아니다. 직관도 틀릴 수 있다. 하지만 그들은 적어도 직관의 목소리에 귀를 기울인다. 합리적으로 준비한 결정을 정서적으로 갈고닦는 것이다. 한 번이라도 이런 식으로 결정을 내린 경험이 있다면, 아마도 그 결정에 완벽하게 만족했을 가능성이 높다.

물론 처음에는 힘이 들 것이다. 걸음을 멈추고 이마를 찌푸린 채 몇 초 동안 주변을 까맣게 잊고 자신의 감정을 살펴야만 할지도 모른다. 하지만 인간은 배움의 속도가 빠른 동물이다. 딱 2주만 지나면 어느새 습관이 되어 직관을 살피는 행동이 생각과 거의 동시에 진행될 것이다.

가끔은 말보다
글쓰기가 낫다

    상사와 마찰이 있을 때, 병이 들어 괴로울 때, 마음이 울적할 때 당신은 어떻게 하는가? 아마도 친한 친구나 동료, 파트너에게 주절주절 털어놓을 것이다. 슬픔은 나누면 반이 된다고 한다. 시원하게 하소연을 하고 나면 잠시 마음이 가벼워질지도 모른다. 그러나 알아야 할 것이 있다. '좋은 꽃노래도 한두 번'이라는 말을 명심해야 한다. 더구나 이별이나 해고, 이혼, 죽음, 큰 병 같은 인생의 대재앙은 한 번의 대화로 해결될 리가 없다. 그러나 과연 하소연을 반복하는 것이 도움이 될까?

    벨기에 루뱅 대학교의 엠마뉘엘 제크Emmanuelle Zech와 베르나르 리메Bernard Rime는 친구들이 왜 같은 하소연을 반복하는지 궁금했다. 마침 직업이 학자들이라, 이들은 작은 실험을 했다. 우선 트라우마에 시달리는 참가자들을 골랐다. 이혼, 가족의 죽음, 해고, 재산 손실, 왕따 같은 아픔을 겪은 사람들을 두 집단으로 나누었다. 한쪽은 이해심이 깊은 실험 책임자와 개별 상담을 해서 자신의 아픔을 마음껏 토로하게 했다. 그리고 다른 쪽은 실험 책임자와 가볍게 수다를 떨었다. 1주 후, 그리고 2달 후 이들은 참가자들의 정서적 상태를 살폈다. 결과는 어땠을까?

속담도 틀릴 수 있다

슬픔을 나누면 반이 된다면 트라우마 이야기를 털어놓은 참가자들은 마음이 한결 편해졌어야 한다. 사실 참가자들은 그렇다고 인정했다. "속을 털어놓고 나니 훨씬 좋아요." 하지만 생리적 측정 수치는 달랐다. 진지하게 트라우마 이야기를 한 쪽과 잡담을 주고받은 쪽이 큰 차이를 보이지 않았다. 이 연구 결과는 왜 사람들이 근심걱정이 있으면 친구들을 몇 달이고 몇 년이고 같은 이야기로 괴롭히는지 그 이유를 설명한다.

그렇게 이야기를 하면 도움이 될 것이라고 믿지만 실질적으로는 도움이 안 되기 때문이다. 그래서 며칠 후면 또 전화통을 붙들고 똑같은 이야기를 늘어놓는 것이다.

영혼을 글로 옮겨보자

하소연이 도움이 안 되면 어떻게 해야 할까? 이 질문을 다룬 학술 연구 결과는 수없이 많다. 그중에서도 눈에 띄는 것은 근심이 있는 사람들에게 일기를 쓰게 했더니 놀랄 정도로 높은 치유 효과가 있었다는 것이다.

일기는 근심을 치료하는 최고의 명약이다. 물론 전제조건이 있다. 감정을 표현해야 한다는 것이다. "오늘 우리 사장이 날 엿 먹였어." 같은 문장은 도움이 안 된다. 학자들은 참가자들에게 "그날의 힘든 사건에 대한 당신의 가장 깊은 생각과 감정을 기록하시오."라고 지시했다. 그러니까 위의 문장을 학자들의 지시대로 다시 적어보면 아마 이렇게 될 것이다. "오늘 사장이 나를 무시해서 나 자신이 너무 초라하고 무력하다는 느낌이 들었다. 지금도 화가 가라앉지 않아 소리라도 지르고 싶은 심정이다. 너무 힘들다."

이렇게 자신의 고통을 글로 기록하면 마음이 가벼워질 뿐 아니라 질병의 증상이 사라지고 자존감과 행복도가 높아진다.

이제 당신은 이 책을 덮고 예쁜 일기장을 마련하거나 스마트폰에 일기장 앱을 깔지도 모르겠다. 그러나 나는 아직 궁금증이 다 해소되지 않았다. 아니, 도대체 왜 글쓰기가 말을 하는 것보다 나은 걸까? 어쨌든 인류의 문명은 '말'을 통한 소통을 문화의 토대로 삼는데 말이다. 나아가 왜 글을 쓰면 위안이 되고 고통이 줄어들며 치료가 되는 걸까? 그것도 궁금했다.

사실 이 질문에 대한 답에는 굳이 학자들까지 끌어들일 필요도 없다. 근심에 쌓인 사람의 이야기를 들어보면 그들이 어떤 식으로 말을 하는지 금방 알게 된다. 말에 두서가 없고, 이 이야기를 했다가 저 이야기를 했다가 정신이 없다. 자기 감정에 빠져서 상대에게 어떻게 들릴지는 생각하지 않는다.

그러나 글을 쓸 때는 다르다. 감정을 솔직하게 글로 적으면, 앞선 실험의 지시대로 가장 깊은 감정과 생각을 글로 옮기면, 수박 겉핥기식 수다를 넘어 진정으로 아프고 힘든 감정까지 밀고 들어갈 수 있다. 그리고 그런 깊이에서만 소크라테스가 말한 카타르시스가 가능하다.

영국 교수 리처드 와이즈먼Richard Wiseman은 한 걸음 더 나아가 '말하기는 비구조적'이라는 점을 지적한다. 특히 마음을 아프게 하는 문제를 입에 올릴 때는 더욱 그렇다. 반면 글쓰기는 상대적으로 훨씬 구조적이다. 컴퓨터로 일을 하는 사람이라면 이 말을 이해할 것이다. 말을 하기 전에는 숙고하지 않는 사람도 자판을 두드려 글을 쓸 때는 저절로 생각을 하게 된다.

한 세미나 참가자가 이 말을 듣고는 갑자기 말을 뚝 멈추더니 눈을 동그랗게 뜨고 나를 빤히 쳐다보았다. 놀란 표정이었다. 나 역시 당황해서 잠시 말을 멈추고 똑같이 그녀를 가만히 쳐다보았다. 그러자 그녀가 한참 후에야 말했다. "이제야 알겠어요. 남편이 5년 전에 겪었던 실직의 아픔을 왜 아직도 극복하지 못하고 힘들어하는지를요. 남편은 지금 훨씬 좋은 직장을 다니고 있어요. 그런데도 여전히 그 시절 이야기를 하거든요. 아마 어째서 그 아픔을 극복하지 못하는지 자신조차 모르는 것 같아요. 글로 써본다면 극복할 수 있지 않을까요?"

고요를 찾으면 의미를 발견할 수 있고, 힘을 발견할 수 있으며, 자기 자신을 발견할 수 있다. 자, 그러니 이제 떠드는 것은 멈추고 펜을 집어 들거나 노트북을 펼치자. 그리고 글을 써보자. 당신을 표현하라!

침묵수업 9

말을 하는 대신 적어보기

- 힘은 수다나 인터넷, 스마트폰에 있지 않다. 힘은 고요에서 온다.

- 소음이 없어야만 고요할 수 있는 것은 아니다. 고요는 행동을 멈추고 주변을 온 마음으로 인식하는 것이다. 불쾌한 생각과 느낌까지도 깨달아보자.

- 부담이 심하면 허둥대기 마련이다. 하지만 문제에만 몰두한다고 해결되지는 않는다. 스트레스가 심할 때일수록 의식적으로 행동을 멈추고 입을 다물어야 문제가 해결된다.

- 입을 다물어야 지혜의 샘인 직관을 발견할 수 있다.

- 고요 속에서만 인생의 의미를 찾을 수 있다. 말을 하는 대신 글을 써보자.

행복은
고요한 순간에
찾아온다

"완전히 비우고 오직
고요를 지킨다."
- 노자

　침묵과 고요를 만나라고 해서 세상을 등지고 산으로 들어가 혼자 조용히 살라는 이야기는 아니다. 하지만 균형을 위해서라도 멈추지 않는 소음과 허둥대는 분주함의 대척점이, 침묵과 고요의 오아시스가 필요하다. 넓고 웅장할 필요는 없다. 짧은 순간이면 충분하다. 이를테면 지금 이 순간이 바로 그 시간이다. 우리 모두는 규칙적으로 입을 다물고 몸과 마음을 쉬며 의미를 찾을 필요가 있다.

　예전 사람들은 고요의 시간을 주기적으로 갖는 것이 얼마나 중요한지 알고 있었다. 아침 기도 시간을 가진 것도 그런 이유다. 요즘에는 아침 샤워를 고요의 시간으로 활용할 수 있겠다. 또는 아침식사 시간도 가능하다. 서두르지 말고, TV

나 스마트폰을 켜지 않고 차분히 식사를 하면서 몸과 마음을 쉬는 것이다.

스마트폰과 이메일에 휘둘리는 것도 금물이다. 이메일 도착 메시지가 뜰 때마다, 스마트폰의 알림이 울릴 때마다 확인하면 일상은 번잡해지고 일도 제대로 할 수 없다. 그래서 자기관리가 잘되는 사람들은 하루 2~3번, 정해진 시간에만 이메일을 확인하고 스마트폰을 잘 들여다보지 않는다. 이렇게 하면 일의 효율이 오를 뿐만 아니라 마음도 안정된다.

이런 차분함과 마음의 안정을 되찾아야만 한다. 에너지는 고요의 샘에서만 길어낼 수 있다. 그리고 직관은 고요에서만 깨어난다. 삶의 의미는 번잡한 소음이 아니라 고요한 순간에 드러난다. 고요함 속에서만 평온과 휴식, 안정과 행복, 자존감을, 특히 나 자신을 찾을 수 있다. 이것이 가장 중요한 지점이다. 말을 많이 할수록, 세상의 소음에 귀를 내줄수록 점점 자기 자신을 잃게 된다.

프로이트는 말했다. 마흔이 넘어 영적이지 않은 사람을 못 봤노라고. 적어도 인생의 중반이 되면 현대 문명의 얄팍함과 무의미함이 신경에 거슬릴 것이다. 그럼 제아무리 수많은 '성공'과 명예를 얻었다 해도 행복은 그런 것들에서 생겨나는 게 아님을 깨닫게 된다. 진부한 이야기지만, 부자라고 다 행복한 것은 아니다.

행복은 밖이 아니라 안에 있다. "행복은 보는 자의 눈 속에 있다"고 했다. 행복은 이 세상이 아닌 자기 자신에게 있고, 자기 안에서만 느낄 수 있기 때문이다. 그러니 계속 바깥세상과 수다만 떨면 행복을 찾기란 불가능하다.

고요는 많은 것에 도움이 된다. 에너지와 창의성, 직관적 문제 해결을 돕는다. 하지만 그보다 중요한 것은 바로 고요가 인성의 발달을 돕는다는 점이다.

괴테는 말했다. "가장 큰 행복은 자신과 하나가 되는 인성"이라고. 하지만 괴테가 미처 말하지 않은 것이 있다. 자신과 하나가 되는 인성은 고요한 순간에만 가능하다는 사실이다. 이런 고요하고 평온한 순간에만 우리는 자신을 찾을 수 있고, 세계와 평화협정을 맺을 수 있으며, 행복에 가장 가까워질 수 있다.

끝으로 당신에게도 이런 행복하고 고요한 순간이 많이 깃들기를, 이 책이 부디 당신이 행복으로 가는 길에 도움이 되기를 바란다.

침묵을 배우는 시간

초판 1쇄 발행 2024년 7월 24일

초판 5쇄 발행 2024년 11월 20일

지은이 　코르넬리아 토프

옮긴이 　장혜경

펴낸이 　서선행

책임편집 　이하정

본문디자인 MOON-C design

펴낸곳 　서교책방

출판등록 　2024년 3월 27일 제 2024-000037호

전화 　070) 7701-3001

이메일 　seokyo337@naver.com

종이 　㈜월드페이퍼

인쇄 　더블비

제본 　책공감

ISBN 979-11-987524-4-4 (03320)